U0084452

編者的話

　　取代「國中基測」，「國中教育會考」自 2014 年開始舉辦，已經三年，作為九年級生進入高中成績評量的重要標準。相較於基測，難度和鑑別度都更高。

　　學習出版公司以最迅速的腳步，在一個禮拜內，出版「105 年國中會考各科試題詳解」，展現出最驚人的效率。本書包含 105 年度「國中會考」各科試題：英文、數學、社會、自然和國文，書後並附有心測中心所公布的各科選擇題答案。另外，在英文科詳解後面，還附上了英文試題修正意見。本書還提供了國中會考「英文聽力」的聽力稿和詳解，這是學習出版公司在聽力音檔一公布後，立即請外籍編輯聽寫下來的文稿，並附上中文翻譯和解釋，搶先獨家收錄。

　　這本書的完成，要感謝各科名師全力協助解題：

　　　英文 / 謝靜芳老師・蔡琇瑩老師・李冠勳老師
　　　　　葉哲榮老師・謝沛叡老師
　　　　　美籍老師　Laura E. Stewart
　　　　　　　　　　Christain A. Brieske

　　　數學 / 吳　俅老師

　　　社會 / 劉成霖老師

　　　國文 / 李　婕老師

　　　自然 / 陳　毅老師

　　本書編校製作過程嚴謹，但仍恐有缺失之處，尚祈各界先進不吝指正。

劉　毅

CONTENTS

105 年國中教育會考英語科試題

閱讀測驗（第 1-41 題，共 41 題）

第一部分：單題（第 1-15 題，共 15 題）

1. Look at the picture. What is the dog doing?
   (A) Biting the man.
   (B) Crossing the street.
   (C) Running after the bus.
   (D) Sitting on the sidewalk.

2. Chris: Which _____ looks better on me?
   Penny: I think purple's better. You look great in purple.
   (A) color　　(B) grade　　(C) shape　　(D) size

3. My cat got excited when it saw the boy _____ the birds.
   (A) catches　　(B) catching　　(C) to catch　　(D) caught

4. Mr. Jackson is a very _____ writer; people of all ages enjoy his stories.
   (A) polite　　(B) popular　　(C) handsome　　(D) honest

5. Carol sounded happy when we talked on the phone; I could feel joy in her _____.
   (A) eyes　　(B) mail　　(C) smile　　(D) voice

6. Mark studies very hard and never _____ classes. He goes to school even when he is sick.
   (A) loses　　(B) misses　　(C) changes　　(D) forgets

7. Have you got anything for Joe _____? He'd be happy to get your gift on his birthday.

　　(A) almost　　(B) either　　(C) soon　　(D) yet

8. Susan bought _____ bread in the supermarket, but she did not buy anything to drink.

　　(A) many　　(B) some　　(C) any　　(D) one

9. Playing sports at least three times a week _____ good for your health.

　　(A) is　　(B) are　　(C) has　　(D) have

10. My parents have different hobbies. One enjoys baking; _____ enjoys taking pictures.

　　(A) another　　(B) the next　　(C) the other　　(D) the second

11. My mom told me to take care of _____ in England. She worried that I couldn't eat or sleep well there.

　　(A) me　　(B) myself　　(C) her　　(D) herself

12. The paint on the wall is not as _____ as it was ten years ago. It has changed from white to gray.

　　(A) bright　　(B) heavy　　(C) sure　　(D) young

13. I told you this road went the wrong way, but you just wouldn't listen. Now we have to _____ and take another road.

　　(A) go ahead　　(B) move away　　(C) pass by　　(D) turn back

14. The last five years have not been _____ to Jennie. Her face is covered with lines and she looks much older than she is.

(A) kind   (B) special   (C) real   (D) enough

15. My dog Jimmy loves _____ with a comb. Every time I comb his hair, he will close his eyes and fall asleep.

(A) to brush   (B) brushing

(C) to be brushing   (D) being brushed

第二部分：題組（第 16-41 題，共 26 題）

（16-17）

> Our Pinky Street, one of the oldest streets in the world, was almost lost to a big fire last night. Most of the old houses on Pinky were burned down. The living history we are proud of is dying. But we should never give up. Pinky is like a parent, always there caring for our town. Now we must do something together to get the old Pinky back. There will be a meeting at 2:00 this Saturday afternoon at Town Office. Anyone who wants to help is welcome. Let's see what we can do.
>
> Adam Bolton, Town Office
>
> March 9

16. What is the reading for?

(A) Finding out why the old street was on fire.

(B) Inviting people to do business on the old street.

(C) Getting people to find ways to save the old street.

(D) Asking for help for people who got hurt in the fire.

17. Which is NOT used in the reading to talk about the old street?

(A) A good friend.　　　　(B) The old Pinky.

(C) A parent.　　　　　　(D) A living history.

(18-20)

FunGana 2016

　　No idea where to spend your vacation? If you are a big fan of sun, beach, and water sports, then you must join FunGana 2016!

　　Over the years, FunGana has taken people to many places in Gana. This year, we are taking you to Piso Island, one of Gana's beautiful islands. Piso Island is <u>adjacent to</u> Wako Island, the biggest island in Gana, so it is only 15 minutes away by boat from Wako Island. The best time to visit? All year around, the weather on Piso Island is just wonderful for a vacation. You can sail out to watch whales, or enjoy one of the best mud springs in the world. We will also show you around the island in a special car, the Cocoon Rider. It's our pleasure to help you enjoy your stay on Piso Island.

　　Find out more about FunGana 2016 at <u>http://www.fungana 2016.com.gn</u>.

18. What is FunGana 2016 for?

    (A) Studying sea animals in Gana.

    (B) Giving courses in water sports.

    (C) Giving weather reports in Gana.

    (D) Helping people experience Gana.

19. What does the reading say about Piso Island?

    (A) It makes the best cars in Gana.

    (B) It has nice weather in every season.

    (C) It is the most popular island in Gana.

    (D) It has the most mud springs in the world.

20. What does adjacent to mean?

    (A) Like.

    (B) Near.

    (C) Bigger than.

    (D) Warmer than.

（21-22）

Here is the schedule with the notice of the summer school that Tina goes to.

Time ＼ Day	Mon.	Tues.	Wed.	Thurs.	Fri.
09:30～10:30	English	Computer	English	English	Piano
10:40～11:40	Piano	English	Painting	Dancing	Dancing
13:30～14:30	Tennis	Painting	Tennis	Painting	Computer
14:40～15:40	Baseball	Baseball	Swimming	Basketball	Basketball

◈ NOTICE ◈

♪ The school restaurant is closed during the summer school (7/4~7/31). Please bring your own lunch. If you need to order lunch, please tell your class leader the day before.

♪ Dancing shoes can be borrowed with your summer school card. Please find Mr. Shum in Room 117.

♪ During the third week, the gym will be used for the High School Ball Games. Please go to the playground for the basketball classes of the week.

📖 schedule 課表

21. What do we know from the notice?

    (A) The summer school is three weeks long.

    (B) Students can order lunch from the school restaurant.

    (C) There are basketball classes in the gym every week except the third week.

    (D) Those who need to borrow dancing shoes must tell Mr. Shum the day before.

22. Below is what Tina told her friends about the classes in her summer school schedule.

    > Mr. Reed was really crazy to give us so many new words at one time. Who can possibly remember all of them in a night? In our art class, when Ms. Grant asked us to draw a picture, I just drew a mad me looking at Mr. Reed. But then I totally forgot about Mr. Reed after two hours of PE classes in the afternoon. I was just too tired to think! Luckily, there was no computer class today to make it a really bad day.

    Which day was Tina talking about?

    (A) Monday.　　　　　(B) Tuesday.

    (C) Wednesday.　　　(D) Thursday.

（23-24）

The wind keeps blowing.
The door keeps opening.
Will you be with me, my dear Lucy,
When I look for candy
Down there in the dark, dark kitchen?

The wind keeps crying.
The door keeps shaking.
Will you be with me, my dear Lucy,
When I pick up my toy puppy
Out there on the high, high balcony?

Wish you could always be with me
And make them go away with your Do-Re-Me.
I remember last Halloween
They ran away when you started to sing,
"Dear Tommy, my little king,
Close your eyes and have a sweet dream."

So please stay with me and sing
To stop them kicking the door, riding the wind,
And pulling me down to their house under the ground.
They'll go away if you sing here for me,
In a voice that gets a black cat's hair standing,
The strongest legs shaking, and the window glass breaking.

(ideas from Matthew Sweeney's poem)　　📖 poem　詩

23. Which is most likely true about the speaker in the reading?

likely　可能

(A) He thinks a black cat is hiding somewhere in the house.

(B) He feels lonely because he is the only child in his family.

(C) He is looking for something he left somewhere in the house.

(D) He is afraid of being by himself when he feels ghosts around.

24. What can we learn about Lucy in the reading?

(A) She keeps opening the door.

(B) Her voice makes the speaker feel safe.

(C) Her candy was hidden in the kitchen.

(D) She was away from home last Halloween.

（25-27）

25. What does <u>IT</u> in picture 7 mean?
    (A) Rule 22 is easy to follow.
    (B) Anyone can die at any time.
    (C) Flying airplanes is dangerous.
    (D) The soldier has become crazy.

26. What can we learn from the comics?
    (A) The doctor tried several ways to help the soldier.
    (B) The soldier cared about his life more than his job.
    (C) The soldier went to ask the doctor about Rule 22.
    (D) The use of "catch-22" appeared before Joseph Heller's book.

27. From the comics, which is most likely an example of "catch-22"?

    📖 likely　可能

    (A) I need to go to hospital, but there are no hospitals near my house.
    (B) I need my key to open the door of my house, but I left my key at school.
    (C) I need some special experience to get this job, but I can't get this kind of experience except from this job.
    (D) I want to go out with Jennifer on New Year's Day, but I'm not sure whether she wants to go out with me that day.

（28-31）

Alec: So, what do you think about <u>it</u>?

Ellie: It's…interesting.

Alec: Oh, no, don't say that.

Ellie: The first thing you should know about Olivia is that she's scared of anything with six legs. I don't think she'll be able to walk past the gate of Buzzing World.

Alec: But she loves butterflies! Well, she loved the photos of butterflies I took last time I was there.

Ellie: Only when they're not moving.

Alec: Fine. I'll just take her somewhere else, and that'd be OK. Right?

Ellie: Umm, you're taking her to Wavelength for dinner?

Alec: What's wrong with that?!

Ellie: I wouldn't say a dead fish is really her idea of a nice dinner, and this restaurant sells seafood…

Alec: Now you're wrong about <u>this one</u>. She loved my mom's fish balls. She had several last time!

Ellie: OK, let's ask someone else. Oh, there's Lori. Hey, Lori, could you look at Alec's plan? He's taking Olivia out.

Lori: Wow! Everything's written down on paper! Hmmm… I thought you wanted her to be your girlfriend.

Alec: I do!

Lori: If you follow this plan, I'm sure it'll be your only date with her.

📖 seafood 海鮮

28. What does <u>it</u> in the first line mean?
    (A) The gate of Buzzing World.
    (B) Alec's butterfly photo.
    (C) Alec's plan for his date.
    (D) Anything with six legs.

29. What does <u>this one</u> mean in the dialogue?
    (A) What food Wavelength sells.
    (B) Why Olivia does not like seafood.
    (C) What Alec thinks about Wavelength.
    (D) What food Olivia does not like to eat.

30. What can we learn about Alec?
    (A) He was told that Olivia likes nice surprises.
    (B) He decided to cook Olivia a nice seafood dinner.
    (C) He was happy that Olivia was finally his girlfriend.
    (D) He gave up the idea of taking Olivia to Buzzing World.

31. Emily is a friend of Olivia's. If she agrees with Lori, what would she most likely say to Alec?

    📖 likely 可能

    (A) "This is just what Olivia would want!"
    (B) "You never know what a girl like Olivia would want."
    (C) "Make a different plan or have a date with a different girl!"
    (D) "She never cares what she does on a date; she cares who she has a date with."

（32-34）

Since the first case of "Cow Cold" was reported in Kirk State in June, this killer cold has moved up north faster than we thought it would. By July, almost every part of the country had been attacked by Cow Cold. In only two months, the number of dead cows has risen to 5,000. Though Cow Cold started in the south, the east of the country is the worst hit area. By this week, 80% of the farms in Osten State have reported cases of Cow Cold.

The sale of milk in Osten State has <u>slumped</u> because of Cow Cold. Before Cow Cold, the sale of milk in Osten State was $2.5 million each week; now it is less than $500,000.

Odin State is the only area in the north without cases of Cow Cold. Before we know how to deal with Cow Cold, we can only hope Odin State will be lucky enough not to experience the power of this killer cold.

(Elaine Baker, *City Post*)

📖 case 案例　　area 區域

32. What can we learn from the news report?

(A) How to deal with Cow Cold.

(B) Whether people may catch Cow Cold.

(C) How fast Cow Cold has hit the country.

(D) How to find out if cows have Cow Cold.

33. Which map will most likely appear with the above news report?

📖 likely　可能

(A)　　　　　　(B)　　　　　　(C)　　　　　　(D)

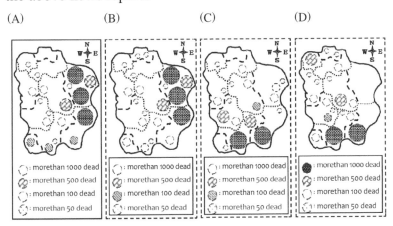

34. If a store's sales keep slumping, what would the sales chart look like?

📖 likely　可能

(A)

(B)

(C)

(D)

（35-38）

> It was 11 p.m. and Molly walked out of her bakery. She turned and looked at her store one last time. She wanted to remember what it ___35___ at the moment. A few hours later, people would come and clean out everything in the store. A young man had bought it. He ___36___ it into a flower shop.
>
> Before it was a bakery, this place ___37___ a small coffee shop. Molly worked in the shop as a waitress. But taking orders was never Molly's dream; baking was. When she knew her boss planned to sell the shop, she borrowed money and bought it.
>
> Her bakery had been open for thirty years. Thirty very wonderful years. However, it would all come to an end tonight. Molly ___38___ the bakery to be a family business. But her daughter was never interested in baking. Molly did not want her business in a stranger's hands, so after some serious thinking, she decided to close it.
>
> "Goodbye, my dear old friend," Molly looked at the store, whispering.
>
> 📖 whisper 低語

35. (A) had looked like   (B) looked like
    (C) would look like   (D) has looked like

36. (A) had changed   (B) changed
    (C) was going to change (D) has changed

37. (A) used to be　　　　　(B) would be

　　(C) has been　　　　　(D) is

38. (A) had wanted　　　　(B) has wanted

　　(C) would want　　　　(D) will want

（39-41）

　　What does the word family mean to you?　An American study in 2006 showed that people today ___39___.　Over 99% of the people who were interviewed agree that a husband, a wife, and a child are a family.　At the same time, 94% see a parent with a child as a family, 91% say a husband and a wife, without children, are a family, and 81% think a man and a woman, with a child, but not married, are a family too.

　　The study also found that ___40___ is very important in the modern thinking on family.　Though 81% think a man and a woman, not married, with a child, are a family, the percentage (%) drops to 40% if the couple doesn't have a child.　This is also true with same-sex couples.　About 60% see two men, or two women, with a child, as a family, but only 32% think so when the couple doesn't have a child.

In the study, those who see two men or two women that live together as a family often find it OK for same-sex couples to get married. ___41___. However, not everyone opens their arms to same-sex couples: the study said 30% have no problem seeing pets as part of one's family, but they do not think a same-sex couple is a family.

📖 couple 伴侶　　same-sex 同性

39. (A) think differently about when to start a family
   (B) do not find family as important as their parents did
   (C) want many different things when they start a family
   (D) have several different ideas about what makes a family

40. (A) whether people are married or not
   (B) whether people have a child or not
   (C) whether people live together or not
   (D) whether people love each other or not

41. (A) This is not surprising
   (B) This is not possible everywhere
   (C) It is no good news for everyone
   (D) It cannot be this way for very long

聽力測驗（第 1-21 題，共 21 題）

第一部分：辨識句意（第 1-3 題，共 3 題）

作答說明：　第 1-3 題每題有三張圖片，請依據所聽到的內容，選出
　　　　　符合描述的圖片，每題播放兩次。

示例題：你會看到
(A)　　　　　　　　　(B)　　　　　　　　　(C)

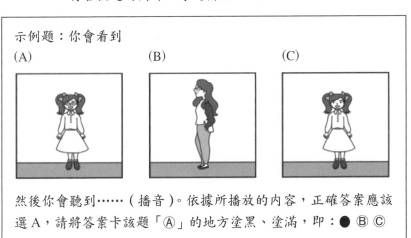

然後你會聽到……（播音）。依據所播放的內容，正確答案應該
選 A，請將答案卡該題「Ⓐ」的地方塗黑、塗滿，即：● Ⓑ Ⓒ

1. (A)　　　　　　　　　(B)　　　　　　　　　(C)

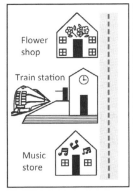  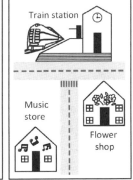

2. (A)　　　　　　(B)　　　　　　(C)

3. (A)　　　　　　(B)　　　　　　(C)

第二部分：基本問答（第4-10題，共7題）

作答説明：第4-10題每題均有三個選項，請依據所聽到的內容，選出一個最適合的回應，每題播放兩次。

示例題：你會看到

(A) She is talking to the teacher.

(B) She is a student in my class.

(C) She is wearing a beautiful dress.

然後你會聽到……（播音）。依據所播放的內容，正確答案應該選B，請將答案卡該題「Ⓑ」的地方塗黑、塗滿，即：Ⓐ ● Ⓒ

4. (A) It's 12:30.
   (B) It's 2345-6789.
   (C) It's May 26, 1998.

5. (A) So did I.
   (B) Thanks for telling me.
   (C) No. Any big news?

6. (A) Get ready.
   (B) Good job.
   (C) No problem.

7. (A) I know! You cooked well.
   (B) Yes, I knew you'd like it.
   (C) When did you order the
       food?

8. (A) Oh, thank you.
   (B) Oh, excuse me.
   (C) Oh, you're lucky.

9. (A) After school.
   (B) At the park.
   (C) In the refrigerator.

10. (A) I can't wait.
    (B) It didn't take long.
    (C) That's too slow.

第三部分：言談理解（第 11-21 題，共 11 題）

作答說明：　第 11-21 題每題均有三個選項，請依據所聽到的內容，
　　　　　　選出一個最適合的答案，每題播放兩次。

示例題：你會看到

(A) 9:50.　　(B) 10:00.　　(C) 10:10.

然後你會聽到……（播音）。依據所播放的內容，正確答案應該
選 B，請將答案卡該題「Ⓑ」的地方塗黑、塗滿，即：Ⓐ ● Ⓒ

11. (A) Science.
    (B) Sports.
    (C) Reading.

12. (A) A taxi driver.
    (B) A shopkeeper.
    (C) A police officer.

13. (A) The man's shoes.
    (B) The trash can.
    (C) Tom's noodles.

14. (A) Ted's mother.
    (B) Ted's sister.
    (C) Ted's friend.

15. (A) Cooking food.
    (B) Making a shopping list.
    (C) Buying dinner for the man.

16. (A) A library.
    (B) A theater.
    (C) A restaurant.

17. (A) Having a job interview.
    (B) Ordering their food.
    (C) Talking about some news.

18. (A) She did not know the plan had been changed.
    (B) She is waiting for the bus to the museum.
    (C) She made a mistake about where to meet.

19. (A) She feels lonely at school.
    (B) She's not interested in drawing pictures.
    (C) She's just started going to a new school.

20. (A) It was boring.
    (B) It was exciting.
    (C) It was serious.

21. (A) For her book.
    (B) For her movie.
    (C) For her news report.

105年國中教育會考英語科試題詳解

閱讀測驗（第 1-41 題，共 41 題）

第一部分：單題（第 1-15 題，共 15 題）

1.（**B**）看看這張圖片。那隻狗正在做什麼？

    (A) 咬那個男人。

    (B) 過馬路。

    (C) 追公車。

    (D) 坐在人行道上。

    * bite〔baɪt〕v. 咬　　cross〔krɔs〕v. 橫越

    run after 追趕　　sidewalk〔'saɪd,wɔk〕n. 人行道

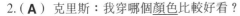

2.（**A**）克里斯：我穿哪個顏色比較好看？

   潘　妮：我認爲紫色比較好。你穿紫色很好看。

    (A) *color*〔'kʌlɚ〕n. 顏色

    (B) grade〔gred〕n. 成績

    (C) shape〔ʃep〕n. 形狀

    (D) size〔saɪz〕n. 尺寸；大小

    * look〔luk〕v. 看起來　　purple〔'pɝpl̩〕n. 紫色

    great〔gret〕adj. 很棒的　　in〔ɪn〕prep. 穿著

3.（**B**）我的貓看到那個小男孩在捉鳥時，變得很興奮。

    saw 是感官動詞 see（看）的過去式，接受詞後，接原形動詞或現在分詞表「主動」，接過去分詞表「被動」，依句意，選 (B) *catching*。　　catch〔kætʃ〕v. 捕捉

    * excited〔ɪk'saɪtɪd〕adj. 興奮的

4.（**B**）傑克森先生是位非常受歡迎的作家；所有的人，不分年齡，都喜歡他的故事。

    (A) polite〔pə'laɪt〕adj. 有禮貌的

    (B) *popular*〔'pɑpjəlɚ〕adj. 受歡迎的

(C) handsome〔'hænsəm〕*adj.* 英俊的

(D) honest〔'ɑnɪst〕*adj.* 誠實的

* writer〔'raɪtə〕*n.* 作家　　age〔edʒ〕*n.* 年齡

　of all ages 所有不同年齡的　　enjoy〔ɪn'dʒɔɪ〕*v.* 喜歡；享受

5.(**D**) 當我們在講電話時，卡蘿聽起來很高興；我可以在她的<u>聲音</u>裡感受到喜悅。

　　　(A) eyes〔aɪz〕*n. pl.* 眼睛　　(B) mail〔mel〕*n.* 郵件

　　　(C) smile〔smaɪl〕*n.* 微笑　　(D) ***voice***〔vɔɪs〕*n.* 聲音

　　* sound〔saʊnd〕*v.* 聽起來　　***talk on the phone*** 講電話

　　　feel〔fil〕*v.* 感受到　　joy〔dʒɔɪ〕*n.* 喜悅

6.(**B**) 馬克非常用功，從未<u>錯過</u>任何一堂課。他甚至在生病時也去上學。

　　　(A) lose〔luz〕*v.* 失去　　(B) ***miss***〔mɪs〕*v.* 錯過

　　　(C) change〔tʃendʒ〕*v.* 改變　(D) forget〔fə'gɛt〕*v.* 忘記

　　* ***study hard*** 用功讀書　　class〔klæs〕*n.* 課

　　　sick〔sɪk〕*adj.* 生病的

7.(**D**) 你<u>已經</u>有買任何東西給喬了嗎？他在生日時收到你的禮物，一定會很高興。

　　　(A) almost〔'ɔl,most〕*adv.* 幾乎

　　　(B) either〔'iðə〕*adv.* 也（不）

　　　(C) soon〔sun〕*adv.* 很快；不久

　　　(D) ***yet***〔jɛt〕*adv.*【用於疑問句】已經

　　* get〔gɛt〕*v.* 買；得到　　gift〔gɪft〕*n.* 禮物

8.(**B**) 蘇珊在超市買了<u>一些</u>麵包，但是她並沒有買任何飲料。

　　　bread（麵包）是不可數名詞，所以 (A) many 和 (D) one 用法不合，(C) any（任何的）則是用於疑問句或否定句，在此也不合，故選 (B) ***some***（一些）。

　　* bread〔brɛd〕*n.* 麵包

　　　supermarket〔'supə,mɑrkɪt〕*n.* 超級市場

9. (**A**) 一週至少運動三次對健康有益。

動名詞片語 Playing…week 當主詞，視爲單數，要用
單數動詞，故本題選 (A) *is*。

* sport〔sport〕*n.* 運動

10. (**C**) 我父母親的嗜好不同。一個喜歡烘焙；<u>另一個</u>喜歡拍照。

父母親有兩人，表示「(二者中的) 另一個」，代名詞用
the other，故選 (C)。

* hobby〔ˈhɑbɪ〕*n.* 嗜好　　bake〔bek〕*v.* 烘焙
　take pictures 拍照

11. (**B**) 我媽媽告訴我在英國要照顧<u>自己</u>。她擔心我在那裡吃不好、
睡不好。

依句意是「照顧我自己」，主詞和受詞爲同一人，受詞用
反身代名詞，選 (B) *myself*。

* *take care of* 照顧　　England〔ˈɪŋɡlənd〕*n.* 英國
　worry〔ˈwɝɪ〕*v.* 擔心

12. (**A**) 牆壁上的油漆不像十年前那麼<u>亮</u>，已經從白色變成灰色。

(A) *bright*〔braɪt〕*adj.* 明亮的
(B) heavy〔ˈhɛvɪ〕*adj.* 重的
(C) sure〔ʃur〕*adj.* 確定的
(D) young〔jʌŋ〕*adj.* 年輕的

* paint〔pent〕*n.* 油漆　　gray〔gre〕*adj.* 灰色的

13. (**D**) 我告訴過你這條路的方向錯誤，但你就是不聽。現在我們必須
<u>調頭回去</u>，走另外一條路。

(A) go ahead 進行
(B) move away 移開；挪開
(C) pass by 經過；(時間) 過去
(D) *turn back* 返回

14.(**A**) 過去五年對吉妮而言並不輕鬆。她的臉上增添了皺紋,她看起來
比實際年齡老多了。

  (A) ***kind*** 〔 kaɪnd 〕 *adj.* 仁慈的;寬容的

  (B) special 〔 ˈspɛʃəl 〕 *adj.* 特別的

  (C) real 〔 ˈriəl 〕 *adj.* 真正的

  (D) enough 〔 əˈnʌf 〕 *adj.* 足夠的

  * last 〔 læst 〕 *adj.* 過去的 cover 〔 ˈkʌvɚ 〕 *v.* 覆蓋

  line 〔 laɪn 〕 *n.* 線條;皺紋

15.(**D**) 我的狗吉米喜歡用梳子梳毛。每次我幫牠梳毛,牠就會閉上眼
睛睡著。

  love 後面可以接動名詞和不定詞,而小狗應是「被梳理」,
要用被動,故本題選 (D) ***being brushed***。

  brush 〔 brʌʃ 〕 *v.* 刷

  * comb 〔 kom 〕 *n.* 梳子 *v.* 梳理 ***fall asleep*** 睡著

第二部分:題組 (第 16~41 題,共 26 題)

(16~17)

　　我們的桃紅街,是世界上最古老的街之一,昨晚幾乎滅
於一場大火。大部分在桃紅街上的老房子都被燒毀。我們引
以為傲的活歷史瀕臨死亡。但是我們絕不該放棄。桃紅街像
是雙親之一,總是在那裡照顧我們的城鎮。現在我們必須一
起做些事來讓老桃紅復原。這個星期六下午兩點在鎮公所會
有一場會議。任何想要幫忙的人都很歡迎。讓我們來看看我
們能做什麼。

　　　　　　　　　　　　　　　　亞當·波頓,鎮公所

　　　　　　　　　　　　　　　　三月九日

【註釋】

pinky〔'pɪŋkɪ〕adj. 桃紅色的　　street〔strit〕n. 街道

old〔old〕adj. 古老的　　world〔wɝld〕n. 世界

almost〔'ɔl,most〕adv. 幾乎；差不多　　lose〔luz〕v. 輸；敗

fire〔faɪr〕n. 火災　　burn〔bɝn〕v. 燃燒

living〔'lɪvɪŋ〕adj. 活的　　history〔'hɪstrɪ〕n. 歷史

proud〔praud〕adj. 驕傲的　　*be proud of* 以…感到光榮

dying〔'daɪɪŋ〕adj. 垂死的；瀕死的　　*give up* 放棄

parent〔'pɛrənt〕n. 雙親之一　　*care for* 照顧

town〔taun〕n. 城鎮　　together〔tə'gɛðɚ〕adv. 一起

get sth. back 復原；恢復　　meeting〔'mitɪŋ〕n. 會議

office〔'ɔfɪs〕n. …處；…所

welcome〔'wɛlkəm〕adj. 受歡迎的

Let's …　讓我們來…（= *Let us* …）

16.（**C**）本文是為了什麼？

　　(A) 找出為什麼老街會失火。

　　(B) 邀請人們在老街上做生意。

　　(C) 聚集人們尋找拯救老街的方法。

　　(D) 為在火災中受傷的人們請求援助。

　　* *find out* 找出　　*on fire* 著火

　　　invite〔ɪn'vaɪt〕v. 邀請　　find〔faɪnd〕v. 尋找

　　　way〔we〕n. 方法　　save〔sev〕v. 拯救

　　　ask〔æsk〕v. 請求　　hurt〔hɝt〕v. 使受傷

17.（**A**）何者並未在本文中被用來談論老街？

　　(A) 好朋友。

　　(B) 老桃紅。

　　(C) 雙親之一。

　　(D) 活歷史。

　　* use〔juz〕v. 使用　　*talk about* 談論；談到

（18～20）

2016 樂趣迦拿

　　不知道要去哪裡渡假嗎？如果你是太陽、海灘和水上運動的忠實粉絲，那麼你必須加入 2016 樂趣迦拿！

　　多年來，樂趣迦拿已經帶人們到迦拿的許多地方。今年，我們帶你去迦拿的美麗島嶼之一的披索島。披索島<u>毗鄰</u>迦拿的最大島哇寇島，所以它距離哇寇島只要十五分鐘的船程。最佳造訪時間？整年下來，披索島的天氣對假期來說是再適合不過了。你可以航行出海賞鯨，或者享受全世界最好之一的泥泉。我們也會用特殊車輛，蠶繭騎手，帶你到島上到處看看。協助你享受待在披索島是我們的榮幸。

　　在 <u>http://www.fungana2016.com.gn</u> 這個網站找出更多關於2016樂趣迦拿的資訊。

【註釋】

idea〔aɪˈdɪə〕n. 了解；認識　　***no idea*** 不知道
spend〔spɛnd〕v. 花（時間）　　vacation〔veˈkeʃən〕n. 假期
fan〔fæn〕n. 愛好者　　sport〔sport〕n. 運動
join〔dʒɔɪn〕v. 加入　　place〔ples〕n. 地點
island〔ˈaɪlənd〕n. 島嶼
adjacent〔əˈdʒesn̩t〕adj. 毗鄰的；鄰近的
visit〔ˈvɪzɪt〕v. 造訪　　***all year round*** 一整年；全年
weather〔ˈwɛðɚ〕n. 天氣　　sail〔sel〕v. 航行
whale〔hwel〕n. 鯨魚　　mud〔mʌd〕n. 泥巴
spring〔sprɪŋ〕n. 泉　　show〔ʃo〕v. 引導；帶領
special〔ˈspɛʃəl〕adj. 特殊的　　cocoon〔kəˈkun〕n.（蠶）繭
pleasure〔ˈplɛʒɚ〕n. 榮幸　　stay〔ste〕n. 停留

18. (**D**) 2016 樂趣迦拿是什麼？

(A) 研究在迦拿的海洋動物。

(B) 提供水上運動的課程。

(C) 提供在迦拿的天氣報告。

(D) 協助人們體驗迦拿。

* study〔'stʌdɪ〕v. 研究　　animal〔'ænəml̩〕n. 動物
course〔kors〕n. 課程　　report〔rɪ'port〕n. 報告
experience〔ɪk'spɪrɪəns〕v. 體驗

19. (**B**) 關於披索島，本文說了什麼？

(A) 它在迦拿製造最好的車。

(B) 它在每個季節都有很好的天氣。

(C) 它是迦拿最受歡迎的島嶼。

(D) 它有全世界最多的泥泉。

* season〔'sizn̩〕n. 季節　　popular〔'pɑpjələ〕adj. 受歡迎的

20. (**B**) adjacent to 是什麼意思？

(A) 像。　　　　　　　　　(B) 靠近。

(C) 還要大。　　　　　　　(D) 還要溫暖。

* like〔laɪk〕prep. 像　　warm〔wɔrm〕adj. 溫暖的

（21～22）

這是蒂娜去的暑期學校的課表和通知。

時間＼星期	星期一	星期二	星期三	星期四	星期五
09:30～10:30	英文	電腦	英文	英文	鋼琴
10:40～11:40	鋼琴	英文	繪畫	舞蹈	舞蹈
13:30～14:30	網球	繪畫	網球	繪畫	電腦
14:40～15:40	棒球	棒球	游泳	籃球	籃球

◈通知◈

🖎 在暑期學校期間（7/4～7/31），學校餐廳關閉。請帶自己的午餐。如果你需要訂午餐，請在前一天告訴你的班長。

🖎 舞鞋可用暑期學校卡借。請找 117 教室的沈先生。

🖎 第三週期間，體育館會作中學球類比賽使用。當週的籃球課請到運動場。

【註釋】

schedule〔'skɛdʒul〕*n.* 時間表；課表　　notice〔'notɪs〕*n.* 通知
summer school 暑期講習會；暑期學校
closed〔klozd〕*adj.* 關閉的　　bring〔brɪŋ〕*v.* 攜帶
own〔on〕*adj.* 自己的　　order〔'ɔrdɚ〕*v.* 訂購
leader〔'lidɚ〕*n.* 領導者　　borrow〔'baro〕*v.* 借
game〔gem〕*n.* 比賽　　playground〔'ple‚graʊnd〕*n.* 運動場

21.（**C**）從這則通知，我們知道什麼？

　　(A) 暑期學校為期三週。
　　(B) 學生可以向學校餐廳訂午餐。
　　(C) <u>除了第三週，每週在體育館都有籃球課。</u>
　　(D) 凡是需要借舞鞋的人，必須在前一天告訴沈先生。

　　* know〔no〕*v.* 知道　　except〔ɪk'sɛpt〕*prep.* 除了⋯以外

22.（**C**）以下是蒂娜告訴她朋友關於暑期學校課表內的課。

　　瑞得先生真的很瘋狂，想一次給我們許多新單字。有誰可以一個晚上記住所有的字？在我們美術課時，葛蘭特女士要我們畫一張圖，我畫了一個憤怒的我盯著瑞得先生。但是我在下午的兩個小時的體育課後，完全忘掉瑞得先生。我只是累得無法思考！幸好，今天沒有會讓一天真的很不順的電腦課。

蒂娜在說哪一天？

(A) 星期一。　　　　　　　(B) 星期二。

(C) <u>星期三。</u>　　　　　　(D) 星期四。

* crazy〔'krezɪ〕*adj.* 瘋狂的
  possibly〔'pɑsəblɪ〕*adv.* 可能
  remember〔rɪ'mɛmbɚ〕*v.* 記住
  totally〔'totḷɪ〕*adv.* 完全地　　**PE class** 體育課
  luckily〔'lʌkɪlɪ〕*adv.* 幸好

（23～24）

風一直吹。

門一直打開。

妳會陪著我嗎，我親愛的露西，

當我尋找糖果的時候，

到下面那很黑、很黑的廚房？

風一直呼嘯。

門一直搖動。

妳會陪著我嗎，我親愛的露西，

當我拿起我的小狗玩具，

在那高高的陽台上？

希望妳能總是陪著我

並用妳的歌聲讓它們離開。

我記得去年萬聖節

當妳一開始唱歌，它們就離開了

「親愛的湯米，我的小國王，

閉上你的眼睛，然後做個美夢。」

所以請妳陪著我並唱歌

去阻止它們踢門，乘著風，

並把我拖到它們地底下的房子。

如果妳在這裡為我歌唱，它們就會離開，

用妳的聲音，那會使黑貓的皮毛豎起，

最強壯的腿顫抖，和窗戶的玻璃破裂。

（點子來自馬修‧斯威尼的詩）

【註釋】

wind〔wɪnd〕*n.* 風　　***keep + V-ing*** 一直；持續

blow〔blo〕*v.* 吹　　dear〔dɪr〕*adj.* 親愛的

Lucy〔'lusɪ〕*n.*（女子名）露西

look for 尋找　　candy〔'kændɪ〕*n.* 糖果

dark〔dɑrk〕*adj.* 黑暗的；漆黑的　　kitchen〔'kɪtʃɪn〕*n.* 廚房

cry〔kraɪ〕*v.* 喊叫；（風）呼嘯

shake〔ʃek〕*v.* 搖動；搖晃；顫抖

pick up 拿起；拾起　　toy〔tɔɪ〕*n.* 玩具　*adj.* 玩具的

puppy〔'pʌpɪ〕*n.* 小狗　　***out there*** 在外面

balcony〔'bælkənɪ〕*n.* 陽台　　wish〔wɪʃ〕*v.* 希望

always〔'ɔlwɪz〕*adv.* 一直；總是　　***go away*** 離開

Do-Re-Me 音樂；歌聲　　remember〔rɪ'mɛmbɚ〕*v.* 記得

last〔læst〕*adj.* 上一個的；去年的

Halloween〔ˌhælo'in〕*n.* 萬聖節　　***run away*** 跑走

sing〔sɪŋ〕*v.* 唱歌　　Tommy〔'tɑmɪ〕*n.* 湯米

king〔kɪŋ〕*n.* 國王　　close〔kloz〕*v.* 關上；閉上

sweet〔swit〕*adj.* 甜美的；美好的　　dream〔drim〕*n.* 夢

stay with 和…待在一起；陪伴

stop〔stɑp〕*v.* 使停止；阻止　　kick〔kɪk〕*v.* 踢

ride〔raɪd〕*v.* 騎著；駕馭；乘（風）

pull〔pul〕*v.* 拉；拖

ground〔graʊnd〕*n.* 地面　　voice〔vɔɪs〕*n.*（人的）聲音

get〔gɛt〕*v.* 使…成為（某狀態）　　black〔blæk〕*adj.* 黑色的

hair〔hɛr〕*n.* 毛髮；（動物的）體毛

stand〔stænd〕*v.* 站立；豎起　　window〔'wɪndo〕*n.* 窗戶

glass〔glæs〕*n.* 玻璃　　break〔brek〕*v.* 破裂

idea〔aɪ'diə〕*n.* 想法；點子　　Matthew〔'mæθju〕*n.* 馬修

Sweeney〔'swinɪ〕*n.* 斯威尼　　poem〔'po·ɪm〕*n.* 詩

23.（ **D** ）關於本文的說話者，哪一項最可能為真？

　　(A) 他覺得黑貓躲在房子的某個地方。

　　(B) 他覺得孤單，因為他是家裡的獨子。

　　(C) 他在尋找他在房子裡遺留的東西。

　　(D) <u>他害怕獨自一人，當他覺得周圍有鬼的時候。</u>

　　* likely〔'laɪklɪ〕*adj.* 可能的

　　　speaker〔'spikɚ〕*n.* 說話者

　　　hide〔haɪd〕*v.* 躲藏

　　　somewhere〔'sʌm,hwɛr〕*adv.* 在某處

　　　lonely〔'lonlɪ〕*adj.* 孤單的　　***only child*** 獨生子（女）

　　　left〔lɛft〕*v.* 遺留【leave 的過去式】

　　　be afraid of 害怕　　***by oneself*** 獨自地

　　　ghost〔gost〕*n.* 鬼

　　　around〔ə'raʊnd〕*adv.* 在周圍

24.（ **B** ）關於文中的露西，我們可以知道什麼？

　　(A) 她一直開門。

　　(B) <u>她的聲音使說話者感到安全。</u>

　　(C) 她的糖果被藏在廚房。

　　(D) 她去年萬聖節離家。

　　* learn〔lɝn〕*v.* 知道　　safe〔sef〕*adj.* 安全的

　　　hidden〔'hɪdn̩〕*v.* 隱藏【hide 的過去分詞】

　　　be away from 離開

（25～27）

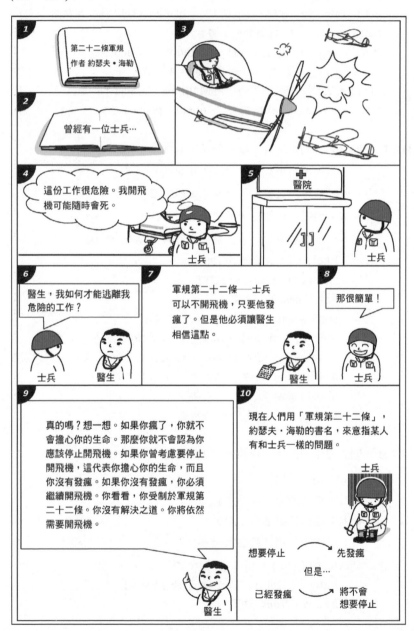

【註釋】

Catch-22 第二十二條軍規【長篇小說，作者是約瑟夫・海勒，這條軍規規定，只有瘋了的人才可以不出任務，只要由本人親自提出申請，就可以不出任務】；無可奈何的矛盾；進退兩難的情況(= *dilemma*〔dəˋlɛmə〕)

Joseph〔ˋdʒozəf〕*n.* 約瑟夫　　　Heller〔ˋhɛlə〕*n.* 海勒

there + be 有~　　soldier〔ˋsoldʒə〕*n.* 軍人；士兵

job〔dʒab〕*n.* 工作　　dangerous〔ˋdendʒərəs〕*adj.* 危險的

die〔daɪ〕*v.* 死亡；喪生　　***any time*** 任何時候；隨時

fly〔flaɪ〕*v.* 飛行；開 (飛機)　　hospital〔ˋhɑspɪtḷ〕*n.* 醫院

doctor〔ˋdɑktə〕*n.* 醫生　　***get out of*** 擺脫；逃避

rule〔rul〕*n.* 規則　　airplane〔ˋɛrˏplen〕*n.* 飛機

only if 只有 (= *as long as*)　　crazy〔ˋkrezɪ〕*adj.* 瘋狂的；發瘋的

have to V. 必須~　　make〔mek〕*v.* 使

believe〔bɪˋliv〕*v.* 相信　　easy〔ˋizɪ〕*adj.* 簡單的；容易的

think about 考慮；想想　　***worry about*** 擔心

then〔ðɛn〕*adv.* 那麼；然後　　stop〔stɑp〕*v.* 停止

ever〔ˋɛvə〕*adv.* 曾經　　mean〔min〕*v.* 意思是

life〔laɪf〕*n.* 生命　　***you see*** 你看；你知道的

caught〔kɔt〕*v.* 抓住；使捲入【catch 的過去分詞】

be caught 處於 (困境)；受制於　　***way out*** 出口；解決方法

problem〔ˋprɑbləm〕*n.* 問題　　first〔fɝst〕*adv.* 首先

already〔ɔlˋrɛdɪ〕*adv.* 已經　　got〔gɑt〕*v.* 變得【get 的過去式】

25. (**D**) 圖片七的 <u>IT</u> 是什麼意思？

　　(A) 第二十二條軍規很容易遵守。

　　(B) 任何人隨時都可能喪生。

　　(C) 開飛機很危險。

　　(D) <u>士兵已經發瘋。</u>

　　　* follow〔ˋfɑlo〕*v.* 遵守　　***at any time*** 在任何時候；隨時

26. (**B**) 從這些連環漫畫，我們可以知道什麼？

　　(A) 醫生嘗試好幾個方法來幫助士兵。

　　(B) <u>士兵關心他的生命勝過他的工作。</u>

(C) 士兵去問醫生關於第二十二條軍規。

(D)「第二十二條軍規」的用法出現在約瑟夫‧海勒的書之前。

＊ learn〔lɜn〕v. 知道　　comics〔'kɑmɪks〕n. pl. 連環漫畫
　several〔'sɛvərəl〕adj. 幾個的　　way〔we〕n. 方法
　care about 關心　　use〔jus〕n. 使用；用法
　appear〔ə'pɪr〕v. 出現

27.(**C**) 從連環漫畫來看，哪一個最可能是「第二十二條軍規」的例子？

(A) 我需要去醫院，但是在我家附近沒有醫院。

(B) 我需要鑰匙開我家的門，但是我把鑰匙遺留在學校。

(C) <u>我需要一些特別的經驗來得到這份工作，但是除了從這一份工作之外，我無法得到這類的經驗。</u>

(D) 我想要和珍妮佛在元旦一起出去，但是我不確定她那一天是否想要和我一起出去。

＊ from〔frɑm〕prep. 從…來看　　likely〔'laɪklɪ〕adv. 可能
　example〔ɪg'zæmpl〕n. 例子
　near〔nɪr〕prep. 在…的附近　　key〔ki〕n. 鑰匙
　special〔'spɛʃəl〕adj. 特別的
　experience〔ɪk'spɪrɪəns〕n. 經驗　　get〔gɛt〕v. 得到
　kind〔kaɪnd〕n. 種類；類型
　except〔ɪk'sɛpt〕prep. 除了…以外
　Jennifer〔'dʒɛnəfɚ〕n. 珍妮佛　　***New Year's Day*** 元旦
　sure〔ʃur〕adj. 確定的　　whether〔'hwɛðɚ〕conj. 是否

(28～31)

艾力克：所以，你覺得<u>它</u>怎麼樣？

艾　莉：它很…有趣。

艾力克：喔，不，不要這樣說。

艾　莉：你應該要知道奧莉維亞的第一件事是，她害怕任何有六條腿的東西。我不認為她能夠走過嗡嗡世界的大門。

艾力克：但是她愛蝴蝶！嗯，她愛我上一次在那裡照的蝴蝶的
　　　　照片。

艾　莉：只有當牠們不動時。

艾力克：好。我就帶她去別的地方，那這樣應該可以了，對吧？

艾　莉：嗯，你要帶她去波長吃晚餐？

艾力克：這怎麼了嗎？！

艾　莉：我不會說一條死魚是她真正對於一頓好晚餐的構想，
　　　　而且這家餐廳是賣海鮮的…

艾力克：現在<u>這一點</u>妳就錯了。她愛我媽媽的魚丸。她上次還
　　　　吃了好幾顆！

艾　莉：好，那我們來問問其他人。喔，蘿莉在那邊。嘿，蘿
　　　　莉，妳可以看一下艾力克的計畫嗎？他要約奧莉維亞
　　　　出去。

蘿　莉：哇！一切都寫在紙上！嗯…我認為你是想讓她成為你
　　　　的女朋友。

艾力克：我是想啊！

艾　莉：如果按照這個計劃，我敢肯定這將是你與她的唯一約
　　　　會。

【註釋】

think about 想；考慮　　interesting〔ˈɪntərɪstɪŋ〕*adj.* 有趣的
the first thing 第一件事；首先
scare〔skɛr〕*v.* 驚嚇；使恐懼
be scared of 害怕　　leg〔lɛg〕*n.* 腿；足

be able to V. 能夠…　　past〔pæst〕*prep.* 通過；經過

gate〔get〕*n.* 大門　　buzzing〔'bʌzɪŋ〕*n.* 嗡嗡聲

butterfly〔'bʌtə,flaɪ〕*n.* 蝴蝶　　***take photos*** 照相

last time 上次　　move〔muv〕*v.* 移動

somewhere〔'sʌm,hwɛr〕*adv.* 在某處；到某處

else〔ɛls〕*adv.* 另外　　wavelength〔'wev,lɛŋθ〕*n.* 波長

What's wrong with...? …怎麼了？

dead〔dɛd〕*adj.* 死的；無生命的　　idea〔aɪ'diə〕*n.* 想法；概念

restaurant〔'rɛstərənt〕*n.* 餐館　　sell〔sɛl〕*v.* 賣

seafood〔'si,fud〕*n.* 海鮮　　several〔'sɛvərəl〕*adj.* 數個的

look at 看　　plan〔plen〕*n.* 計畫　　***write down*** 寫下

girlfriend〔'gɝl,frɛnd〕*n.* 女朋友

sure〔ʃur〕*adj.* 確信的　　date〔det〕*n.* 約會

28.（**C**）在第一行的 <u>it</u> 是什麼意思？

  (A) 嗡嗡世界的大門。 (B) 艾力克的蝴蝶照片。

  (C) <u>艾力克為他的約會所訂的計畫。</u>

  (D) 任何有六條腿的東西。

29.（**D**）在對話中的 <u>this one</u> 是什麼意思？

  (A) 波長賣什麼樣的食物。

  (B) 奧莉維亞為什麼不喜歡海鮮。

  (C) 艾力克對波長的看法。

  (D) <u>奧莉維亞不喜歡吃什麼食物。</u>

  * dialogue〔'daɪə,lɔg〕*n.* 對話

30.（**D**）關於艾力克，我們可以得知什麼？

  (A) 他被告知奧莉維亞喜歡不錯的驚喜。

  (B) 他決定為奧莉維亞下廚煮一頓不錯的海鮮晚餐。

  (C) 他很高興奧莉維亞終於是他的女朋友了。

  (D) <u>他放棄了帶奧莉維亞去嗡嗡世界的想法。</u>

  * finally〔'faɪn̩lɪ〕*adv.* 最後；終於　　***give up*** 放棄

31. (**C**) 愛蜜莉是奧莉維亞的朋友。如果她同意蘿莉所說的，那她最有可能會對艾力克說什麼？

    (A) 「這正是奧莉維亞想要的！」

    (B) 「你絕對不會知道像奧莉維亞這樣的女孩想要什麼。」

    (C) <u>「做一個不同的計劃，或是和不同的女孩約會！」</u>

    (D) 「她從不在乎她在一場約會中做什麼；她在乎的是她跟誰約會。」

    * *agree with* 同意　　different (ˋdɪfərənt) *adj.* 不同的

    care (kɛr) *v.* 在乎；介意

(32~34)

    自從首例「牛感」在六月於克爾克州被爆出，這波殺手級的感冒已經迅速向北邊，移動得比我們想像的還要快。在七月之前，幾乎國內的每一個地方都已經被「牛感」所攻擊。在短短兩個月之內，乳牛死亡的數量已攀升至 5,000 頭。雖然牛感是在南部開始的，但是國內的東部卻是受災最嚴重的地區。到本週為止，奧斯滕州 80% 的農場已回報有牛感案例。

    因為牛感的關係，奧斯滕州的牛奶銷售額已<u>下降</u>。在牛感之前，奧斯滕州的每星期的牛奶銷售額為兩百五十萬美元；現在是低於五十萬美元。

    奧丁州是在北部唯一沒有牛感案例的地方。在我們知道如何對付牛感之前，我們只能希望奧丁州將夠幸運，不用經歷這波殺手級流感的威力。

                    （伊蓮・貝克，城市郵報）

【註釋】

since (sɪns) *prep.* 自…以來；從…至今　　case (kes) *n.* 案例

cow (kau) *n.* 母牛；乳牛　　cold (kold) *n.* 感冒

report〔rɪ'port〕v. n. 報告　　Kirk〔kɝk〕n. 克爾克

state〔stet〕n. 州　　June〔dʒun〕n. 六月

killer〔'kɪlɚ〕n. 殺人者；兇手　***move up*** 向⋯挪動

north〔nɔrθ〕adv. 向北方；在北方　　July〔dʒu'laɪ〕n. 七月

attack〔ə'tæk〕v. 攻擊　　rise〔raɪz〕v. 上升；增加

the south（一國、一地區之）南部

the east（一國、一地區之）東部　　worst〔wɝst〕adv. 最嚴重地

hit〔hɪt〕v. 襲擊　　area〔'ɛrɪə〕n. 地區；區域

sale〔sel〕n. 銷售額　　slump〔slʌmp〕v.（物價等）下跌

because of 因為　　million〔'mɪljən〕n. 百萬

the north（一國、一地區之）北部　　***deal with*** 應付；處理

lucky〔'lʌkɪ〕adj. 幸運的　　enough〔ə'nʌf〕adv. 足夠地

experience〔ɪk'spɪrɪəns〕v. 經歷　　power〔'pauɚ〕n. 力量

32.（**C**）我們從該新聞報導中可得知什麼？

　　　(A) 如何應付牛感。

　　　(B) 人類是否有可能會得到牛感。

　　　(C) 牛感襲擊該國的速度有多快。

　　　(D) 如何發現乳牛是否感染牛感。

　　　* news〔njuz〕n. 新聞；消息　　whether〔'hwɛðɚ〕conj. 是否
　　　 catch〔kætʃ〕v. 感染　　***find out*** 找出；發現

33.（**A**）哪一張地圖將最有可能與上述新聞報導一起出現？

(A)　　　　　　(B)　　　　　　(C)　　　　　　(D)

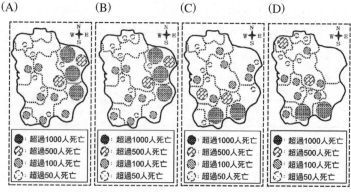

　　　* appear〔ə'pɪr〕v. 出現

34.(**A**) 如果商店的銷售額一直<u>下滑</u>，銷售圖表將會看起來如何？

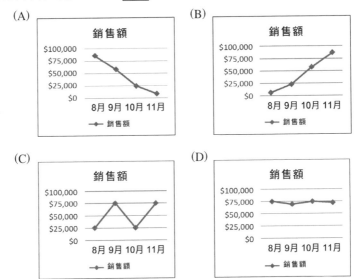

* **keep + V-ing** 持續…　　chart〔tʃɑrt〕*n.* 圖表；曲線圖

（35～38）

時間是晚上十一點，莫莉從她的麵包店走出來。她回頭看了她
的那家店最後一次。她想要記住在那一刻它<u>看起來是什麼樣子</u>。
　　　　　　　　　　　　　　　　　　　　　　　　　35

幾個小時後，就會有人來將店裡所有的東西都清除掉。有個年輕人
把它買下來了。<u>他即將要把它變成花店</u>。
　　　　　　　　36

在成為麵包店之前，這個地方<u>以前是</u>間小型咖啡廳。莫莉在那
　　　　　　　　　　　　　　　　　37

裡擔任女服務生。但是接受點餐絕不是莫莉的夢想；烘培才是。當
她知道她的老闆打算賣那家店，她就向朋友借錢把它買下來。

她的麵包店已經開了三十年了。這三十年真的很棒。不過，今

晚全都要結束了。莫莉原本想要把這間麵包店變成家族企業，但
　　　　　　　　　38
是她的女兒從未對烘培感興趣。莫莉不想要把她的事業交到陌生人
手中，所以經過認眞思考後，她決定要結束營業。

　　「再見了，我親愛的老朋友，」莫莉看著這家店，低聲說道。

【註釋】

p.m. 下午　【比較】*a.m.* 上午　　*walk out of* 從…走出來

bakery〔'bekərɪ〕*n.* 麵包店　　turn〔tɜn〕*v.* 回頭　　*look at* 看

time〔taɪm〕*n.* 次數　　*one last time* 最後一次

remember〔rɪ'mɛmbɚ〕*v.* 記住

moment〔'momənt〕*n.* 時刻；片刻　　*a few* 一些；幾個

later〔'letɚ〕*adv.* …之後　　*clean out* 清理；清除

flower shop 花店　　*coffee shop* 咖啡廳

as〔æz〕*prep.* 以…身分；作爲　　waitress〔'wetrɪs〕*n.* 女服務生

order〔'ɔrdɚ〕*n.* 點餐　　*take orders* 接受點餐

never〔'nɛvɚ〕*adv.* 從未；絕不；絕非

dream〔drim〕*n.* 夢想　　baking〔'bekɪŋ〕*n.* 烘烤；烘培

boss〔bɔs〕*n.* 老闆　　*plan to V.* 打算…

sell〔sɛl〕*v.* 賣　　borrow〔'baro〕*v.* 借（入）

open〔'opən〕*adj.* 開著的；營業中的

wonderful〔'wʌndɚfəl〕*adj.* 很棒的

however〔haʊ'ɛvɚ〕*adv.* 然而　　*come to an end* 結束

business〔'bɪznɪs〕*n.* 生意；事業；企業

family business 家族企業　　*be interested in* 對…有興趣

stranger〔'strendʒɚ〕*n.* 陌生人　　serious〔'sɪrɪəs〕*adj.* 認眞的

thinking〔'θɪŋkɪŋ〕*n.* 思考　　decide〔dɪ'saɪd〕*v.* 決定

close〔kloz〕*v.* 關閉；使停止營業　　dear〔dɪr〕*adj.* 親愛的

whisper〔'hwɪspɚ〕*v.* 低語

35. (**B**) 依句意，「要記住它在那一刻看起來的樣子」，動詞應用過去
　　　式，故選 (B) *looked like*「看起來像」。

36. (**C**) 有個年輕人把它買下來,「即將要把」它「改」成花店,選
　　　　　 (C) *was going to change*。　　*be going to V.* 將要…

37. (**A**) 這裡「以前是」一間小型的咖啡廳,選 (A) *used to be*。
　　　　　 used to V. 以前…
　　　　　 【比較】*be used to + V-ing* 習慣於…

38. (**A**) 依句意,莫莉「原本想要」把這間麵包店變成家族企業,表
　　　　　 「過去未實現的希望或計畫」,要用「過去完成式」,選 (A)
　　　　　 had wanted。(詳見「文法寶典」p.338)

（ 39～41 ）

　　　「家庭」這個字對你來說有何意義呢?一項 2006 年的美國研究
顯示,今日的人們<u>對於家庭的構成要素有幾種不同的想法</u>。超過百分
　　　　　　　　　　　　　　　　39
之 99 的受訪者同意,有丈夫、太太和小孩,就是一個家庭。同時,百
分之 94 的人認為父母親其中一人和小孩也是家庭,百分之 91 的人說,
只有夫妻沒有小孩也是家庭,還有百分之 81 的人認為,一男一女帶著
小孩,但是沒有結婚,也是家庭。

　　　這項研究也發現,<u>人們是否有小孩</u>,在現代有關家庭的想法中
　　　　　　　　　　　　 40
相當重要。雖然百分之 81 的人認為,一男一女沒有結婚帶著小孩,
算是家庭,但如果這對伴侶沒有小孩,百分比就降到百分之 40。這
個想法也適用於同性伴侶。大約有百分之 60 的人認為,兩男或兩女
帶著小孩,算是家庭,但如果這對伴侶沒有小孩,就只有百分之 32
的人這麼認為了。

　　　在這項研究中,認為兩男或兩女住在一起算是家庭的人,通常
也贊成同性伴侶結婚。<u>這不令人驚訝</u>。然而,並非每個人都能展開
　　　　　　　　　　　　　　　　41
雙臂接受同性伴侶:研究提到,百分之 30 的人將寵物視為家庭成員
沒問題,但他們不認為同性伴侶是家庭。

【註釋】

mean〔min〕v. 意謂著　　study〔'stʌdɪ〕n. 研究
interview〔'ɪntə‚vju〕v. 面試；訪談
agree〔ə'gri〕v. 同意　　*at the same time* 同時
see A as B 認為A是B　　married〔'mærɪd〕adj. 結婚的
modern〔'madən〕adj. 現代的
thinking〔'θɪŋkɪŋ〕n. 思考；想法
percentage〔pə'sɛntɪdʒ〕n. 百分比
drop〔drap〕v. 下降　　couple〔'kʌpḷ〕n. 伴侶
sex〔sɛks〕n. 性別　　same-sex adj. 同性的
find〔faɪnd〕v. 覺得　　pet〔pɛt〕n. 寵物
open one's arms 張開雙臂

39.（**D**）(A) 對於何時生小孩想法不同
　　　　(B) 不像他們的父母一樣認為家庭很重要
　　　　(C) 在開始生小孩時想要有許多不同的事物
　　　　(D) 對於家庭的構成要素有幾種不同的想法
　　　　* *start a family* 開始生兒育女　　make〔mek〕v. 構成

40.（**B**）(A) 人們是否有結婚
　　　　(B) 人們是否有小孩
　　　　(C) 人們是否住在一起
　　　　(D) 人們是否彼此相愛
　　　　* *whether…or ont* 是否　　*each other* 彼此

41.（**A**）(A) 這不令人驚訝
　　　　(B) 這並非每個地方都可能
　　　　(C) 這對每個人都不是好消息
　　　　(D) 這個樣子不可能持續很久的時間

聽力測驗（第 1-21 題，共 21 題）

第一部分：辨識句意（第 1-3 題，共 3 題）

1.（ **A** ）(A)　　　　　　　　　(B)　　　　　　　　(C)

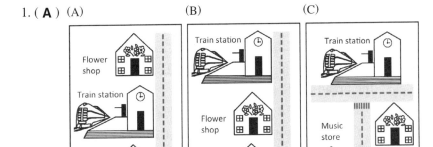

The train station is between a flower shop and a music store. 火車站在花店和唱片行中間。

* station〔'steʃən〕*n.* 車站　　***train station*** 火車站
  shop〔ʃɑp〕*n.* 商店　　***flower shop*** 花店
  music store 唱片行

2.（ **C** ）(A)　　　　　　　　(B)　　　　　　　(C)

In the race, two of the five runners got to the finish line at the same time.

在這比賽，五位賽跑者有兩位同時到達終點線。

* race〔res〕*n.* 比賽；賽跑　　runner〔'rʌnə〕*n.* 賽跑者
  get to 到達　　***finish line*** 終點線
  at the same time 同時

3. (**C**) (A)　　　　　　　(B)　　　　　　　(C)

Sam almost finished his salad and steak, but didn't touch the bread at all.

山姆幾乎吃完了沙拉和牛排，但是他完全沒有碰麵包。

* almost〔'ɔl,most〕*adv.* 幾乎　　finish〔'fɪnɪʃ〕*v.* 吃完
salad〔'sæləd〕*n.* 沙拉　　steak〔stek〕*n.* 牛排
touch〔tʌtʃ〕*v.* 碰；接觸；吃（喝）　　bread〔brɛd〕*n.* 麵包
not~at all 一點也不~；完全沒有~

第二部分：基本問答（第 4-10 題，共 7 題）

4. (**B**) May I have your number so I can call you later?

可以給我你的電話，這樣我以後可以打電話給你嗎？

(A) It's 12:30. 現在是十二點三十分。

(B) It's 2345-6789. 號碼是 2345-6789。

(C) It's May 26, 1998. 今天是 1998 年，5 月 26 日。

* number〔'nʌmbɚ〕*n.* 電話號碼　　call〔kɔl〕*v.* 打電話給
later〔'letɚ〕*adv.* 以後

5. (**C**) Did you watch TV last night? 你昨天晚上有看電視嗎？

(A) So did I. 我也有。

(B) Thanks for telling me. 謝謝你告訴我。

(C) No. Any big news? 沒有。有任何重要的新聞嗎？

* ***watch TV*** 看電視　　***thanks for~*** 謝謝~
big〔bɪg〕*adj.* 重要的　　news〔njuz〕*n.* 新聞

6. (**C**)　Could you turn off the radio?　I'm trying to study.

你可以把收音機關掉嗎？我正準備讀書。

(A)　Get ready. 準備好。

(B)　Good job. 做得好。

(C)　No problem. 沒問題。

* ***turn off*** 關掉（電器）　　radio〔'redɪ,o〕*n.* 收音機
try〔traɪ〕*v.* 嘗試　　study〔'stʌdɪ〕*v.* 讀書
get ready 準備好　　***Good job.*** 做得好。
No problem. 好的；沒問題。

7. (**B**)　This restaurant is lovely and the food we just had was
excellent.　We should come again.

這間餐廳很美麗，而且我們剛吃的食物很棒。我們應該要再來。

(A)　I know!　You cooked well. 我知道！你很會煮飯。

(B)　Yes, I knew you'd like it. 是的，我知道你會喜歡。

(C)　When did you order the food? 你什麼時候點菜的？

* restaurant〔'rɛstərənt〕*n.* 餐廳
lovely〔'lʌvlɪ〕*adj.* 美麗的；可愛的；極好的
just〔dʒʌst〕*adv.* 剛剛　　have〔hæv〕*v.* 吃；喝
excellent〔'ɛksḷənt〕*n.* 很棒的
cook〔kʊk〕*v.* 煮飯；烹飪　　order〔'ɔrdɚ〕*v.* 點（菜）

8. (**A**)　Excuse me.　I believe this is your wallet.

對不起。我想這是你的皮夾。

(A)　Oh, thank you. 喔，謝謝你。

(B)　Oh, excuse me. 喔，對不起。

(C)　Oh, you're lucky. 喔，你真幸運。

* ***excuse me*** 對不起【用於引起注意】
believe〔bɪ'liv〕*v.* 相信；認為　　wallet〔'wɑlɪt〕*n.* 皮夾
oh〔o〕*interj.*（表示驚訝、喜悅等）喔；啊；哎呀
lucky〔'lʌkɪ〕*adj.* 幸運的

9. (**B**) Where are you going to meet up with Candy?
你要去哪裡和坎迪碰面？

(A) After school. 放學後。

(B) At the park. 在公園。

(C) In the refrigerator. 在冰箱裡面。

* ***be going to V.*** 即將～；正要～
meet up with 和～碰頭；和～相聚　***after school*** 放學後
park〔pɑrk〕*n.* 公園　refrigerator〔rɪ'frɪdʒə,retə〕*n.* 冰箱

10. (**A**) The Moon Festival is only two weeks away!
離中秋節只要再兩週！

(A) I can't wait. 我等不及了。

(B) It didn't take long. 那不用很久。

(C) That's too slow. 那太慢了。

* ***the Moon Festival*** 中秋節（= *the Mid-Autumn Festival*）
away〔ə'we〕*adv.*（時間）離開；相隔
wait〔wet〕*v.* 等待　take〔tek〕*v.* 花（時間）
long〔lɔŋ〕*n.* 長時間　slow〔slo〕*adj.* 慢的

第三部分：言談理解（第 11-21 題，共 11 題）

11. (**B**) W：I like music and movies. And you?
女：我喜歡音樂和電影。你呢？

M：I like swimming and playing basketball.
男：我喜歡游泳和打籃球。

Question：What does the man like? 男士喜歡什麼？

(A) Science. 科學。

(B) Sports. 運動。

(C) Reading. 閱讀。

* like〔laɪk〕*v.* 喜歡　science〔'saɪəns〕*n.* 科學

12. (**A**)　W：I'm going in Ing-ying School.

女：我要去應英學校。

M：On Park Road?

男：在公園路上的？

W：That's right.

女：對。

M：Here we are.

男：我們到了。

W：Thank you. How much is that?

女：謝謝你。多少錢。

M：Seventy-five dollars.

男：七十五元。

Question：What is the man? 男士是做什麼的？

(A) A taxi driver.　一位計程車司機。

(B) A shopkeeper.　一位商店老闆。

(C) A police officer.　一位警察。

* taxi〔'tæksɪ〕*n.* 計程車　　driver〔'draɪvɚ〕*n.* 司機
  shopkeeper〔'ʃɑpˌkipɚ〕*n.* 商店老闆

13. (**C**)　W：What's that smell?

女：那是什麼味道？

M：Umm… Where is it coming from?

男：嗯…它是從哪裡來的？

W：Anything on your shoes?

女：你的鞋子上有任何東西嗎？

M：Nope. Maybe the trash can?

男：沒有。也許是垃圾桶？

W：Don't think so. I took out the garbage yesterday.

女：不認為是。我昨天把垃圾拿出去了。

M : Oh, it's Tom's noodles! I think that bowl has been there for days.

男：噢，是湯姆的麵！我想那個碗已經在哪裡幾天了。

Question : Where does the smell come from?
味道是從哪裡來的？

(A) The man's shoes. 男士的鞋子。

(B) The trash can. 垃圾桶。

(C) Tom's noodles. 湯姆的麵。

* smell〔smɛl〕*n.* 味道　　***trash can*** 垃圾桶
garbage〔'gɑrbɪdʒ〕*n.* 垃圾

14. (**B**) M : Susan, nice to meet you.

男：蘇珊，很高興認識妳。

W : Nice to meet you, too. My brother always talks about you. He says you are his best friend.

女：我也很高興認識你。我的兄弟總是談到你。
他說你是他最好的朋友。

M : Yeah, Ted and I are good friends.

男：是的，泰德和我是好朋友。

Question : Who's Susan? 蘇珊是誰？

(A) Ted's mother. 泰德的母親。

(B) Ted's sister. 泰德的姊妹。

(C) Ted's friend. 泰德的朋友。

* meet〔mit〕*v.* 會見；碰面　　***talk about*** 談到

15. (**A**) M : Good evening, everyone. Welcome to John's Favorite Time. Joining me today is Anna Richards.

男：大家晚安。歡迎來到約翰的最愛時刻。今天加入我的是安
娜・理查斯。

W : Hello, John.　It's a pleasure to be here.　What I'm going to show you today is Italian chicken.

女：哈囉，約翰。到這裡是我的榮幸。我今天要向你展示的是 義大利雞。

M : Hmm, sounds good!

男：嗯，聽起來不錯！

W : And it tastes good, too.　Now, you'll need four chicken legs.　You'll also need two eggs, butter, tomatoes, cheese, and…

女：它嚐起來也很好吃。現在，你需要四支雞腿。你還需要兩 顆蛋、奶油、蕃茄、起司，和…。

Question : What is the woman going to do?

女士正要做什麼？

(A) Cooking food. 烹飪食物。

(B) Making a shopping list. 製作購物清單。

(C) Buying dinner for the man. 替男士買晚餐。

* favorite〔ˈfevərɪt〕*adj.* 最喜愛的
Italian〔ɪˈtæljən〕*adj.* 義大利的
sound〔saʊnd〕*v.* 聽起來　　taste〔test〕*v.* 嚐起來

16. (**B**) Welcome to Bernard House.　The program will begin in fifteen minutes.　If you want to use the restroom, turn left when you walk out of the room.　Please don't drink or eat inside.　Be sure to turn off your cell phone, and don't take photos during the show.　We hope you have a wonderful time tonight.

歡迎來到柏納德戲院。節目會在十五分鐘內開始。如果你想要使 用洗手間，走出房間後左轉。院內請勿飲食。務必關掉你的手機， 並且不要在表演時拍照。我們希望今晚你會有個美好的時刻。

Question：What is Bernard House? 柏納德戲院是什麼？

(A) A library. 一間圖書館。

(B) A theater. 一間戲院。

(C) A restaurant. 一間餐廳。

* house〔haʊs〕n. 戲院
  program〔'progræm〕n. 節目
  begin〔bɪ'gɪn〕v. 開始　　sure〔ʃʊr〕adj. 必定的
  turn off 關掉　　show〔ʃo〕n. 表演

17. (**A**) W：Hi, I'm Ellie, the head of Dreamer. You must be
　　　　　Paul. Tell me something about your work experience.

　　　女：嗨，我是艾莉，夢想家的總經理。你一定就是保羅。
　　　　　告訴我一些關於你的工作經驗。

　　　M：Sure, I worked as a waiter for three years.

　　　男：好的，我擔任過服務生三年。

　　　W：Don't you think it's tiring to be a waiter?

　　　女：你不覺得當服務生很累嗎？

　　　M：Not at all. I love food and I like to see people
　　　　　enjoying their meals.

　　　男：一點也不。我喜歡食物，而且我喜歡看人們享用他們的餐點。

　　　W：Good. Can you tell me more about…

　　　女：很好。你可以告訴我更多關於…

　　　Question：What are the man and woman doing?

　　　　　　　男士和女士在做什麼？

　　　(A) Having a job interview. 進行工作面試。

　　　(B) Ordering their food. 點餐。

　　　(C) Talking about some news. 談論一些新聞。

　　　* Ellie〔'ɛlɪ〕n.（女子名）艾莉　　head〔hɛd〕n. 總經理
　　　　dreamer〔'drimɚ〕n. 做夢的人；夢想家
　　　　Paul〔pɔl〕n. 保羅　　sure〔ʃʊr〕adv. 當然；沒問題

experience〔ɪkˈspɪrɪəns〕*n.* 經驗　***work as*** 擔任
waiter〔ˈwetɚ〕*n.* 服務生　　tiring〔ˈtaɪrɪŋ〕*adj.* 累人的
food〔fud〕*n.* 食物　　enjoy〔ɪnˈdʒɔɪ〕*v.* 享受
meal〔mil〕*n.* 餐點　　job〔dʒɑb〕*n.* 工作
interview〔ˈɪntɚˌvju〕*n.* 面試　　order〔ˈɔrdɚ〕*v.* 點（菜）
talk about 談論　　news〔njuz〕*n.* 新聞

18.（ **A** ）(Phone rings)

（電話響）

M：Hello!

男：哈囉！

W：Hello, Sam. Where are you guys? I've been waiting
　　for twenty minutes.

女：哈囉，山姆。你們在哪？我已經等了二十分鐘了。

M：I'm on the bus. Are you already at the museum?

男：我在公車上。你已經在博物館了嗎？

W：The museum? I'm at the school gate! I thought we
　　were meeting here at nine.

女：博物館？我在學校大門口！我以為我們九點在這裡會面。

M：No! We are meeting at the museum at ten.

男：不！我們要十點在博物館會面。

W：What?! Who decided that?

女：什麼？！是誰決定那樣的？

M：Didn't Tom call you last night?

男：湯姆昨天晚上沒有打電話給妳嗎？

W：No, he did not.

女：不，他沒有。

Question：Why is the girl at the school gate?

　　　　　為什麼女孩在校門口？

(A) She did not know the plan had been changed.

  她不知道計畫已經變了。

(B) She is waiting for the bus to the museum.

  她正在等去博物館的公車。

(C) She made a mistake about where to meet.

  她搞錯要會面的地方。

* phone〔fon〕*n.* 電話　ring〔rɪŋ〕*v.*（鈴）響
wait〔wet〕*v.* 等待 *<for>*　minute〔'mɪnɪt〕*n.* 分鐘
already〔ɔl'rɛdɪ〕*adv.* 已經
museum〔mju'zɪəm〕*n.* 博物館　gate〔get〕*n.* 大門
meet〔mit〕*v.* 見面；會面　decide〔dɪ'saɪd〕*v.* 決定
call〔kɔl〕*v.* 打電話給　plan〔plæn〕*n.* 計畫
change〔tʃendʒ〕*v.* 改變　mistake〔mə'stek〕*n.* 錯誤
make a mistake 犯錯

19. (**C**) M：Sophie, is everything going well at school? It's been two weeks, right?

  男：蘇菲，上課一切都好嗎？兩個星期了，對吧？

  W：Yeah. I've met three classmates who love drawing pictures, just like me!

  女：是啊。我認識了三位像我一樣喜歡畫圖的同學！

  M：How about classes?

  男：課程如何？

  W：Well, most of them are interesting, but I have much more homework here than at my last school.

  女：嗯，大部分的課都很有趣，但是比我上一間學校多了許多家庭作業。

  Question：What can we know about Sophie?

  　　　　　關於蘇菲，我們可以知道什麼？

  (A) She feels lonely at school. 她在學校感到寂寞。

(B) She's not interested in drawing pictures.

她對畫圖不感興趣。

(C) She's just started going to a new school.

她正剛開始去新學校上學。

* *at school* 在上課　　draw〔drɔ〕*v.* 畫；繪製

interesting〔'ɪntərɪstɪŋ〕*adj.* 有趣的

lonely〔'lonlɪ〕*adj.* 寂寞的

be interested in　對…感興趣

20. (**A**) W：That was a great movie!　I loved it!

女：那真是一部好電影！我愛它！

M：Seriously?　It was as exciting as watching paint dry.

男：真的嗎？看這部電影就像是看油漆乾掉一樣令人興奮。

W：Really?　Why?

女：真的嗎？為什麼？

M：I knew who the bad guy was from the start.　Why did we spend two hours waiting for them to find out?

男：我從一開始就知道誰是壞人。為什麼我們要花兩個小時等他們去找出來？

Question：What does the woman think of the movie?

女士認為這部電影怎麼樣？

(A) It was boring. 它很無聊。

(B) It was exciting. 它很刺激。

(C) It was serious. 它很嚴肅。

* exciting〔ɪk'saɪtɪŋ〕*adj.* 令人興奮的

paint〔pent〕*n.* 油漆　　guy〔gaɪ〕*n.* 傢伙；人

start〔stɑrt〕*n.* 最初；開端　　*wait for* 等候

find out 找出；發現　　*think of* 認為

21. (**B**) (Applause)　Wow!　I can't believe I'm standing here.　I'm so happy!　(Coughs and clears throat)　Well, first, I'd like to thank my parents.　They paid for my acting classes for so many years.　Now I can tell them they didn't spend their money for nothing.　(Crowd laughs)　My thanks also go to the excellent team I've worked with.　Special thanks go to Andy, who wrote a great part for me.　Also, I must thank my husband, Eddie.　He's done all the housework and taken care of our baby.　Without him I couldn't have done so well on the big screen.　Thank you.　Thank you all for believing in me.　(Applause)

（鼓掌）哇！我不敢相信我站在這裡。我太高興了！（咳嗽和清喉嚨）嗯，首先，我想感謝我的父母。他們付了我多年的演員課程。現在我可以告訴他們，他們的錢沒有白花。（眾人笑）我也感謝和我一起工作過的優秀團隊。特別感謝安迪，把我的角色寫得很好。此外，我一定要感謝我的丈夫，艾迪。他做所有的家務，並且照顧我們的寶貝。沒有他，我不可能在大銀幕上表現得這麼好。謝謝。謝謝所有相信我的人。（鼓掌）

Question：What did the speaker win the prize for?

說話者因為什麼而得獎？

(A) For her book.　她的書。

(B) For her movie.　她的電影。

(C) For her news report.　她的新聞報導。

* applause〔ə'plɔz〕*n.* 鼓掌；喝采
cough〔kɔf〕*n.* 咳嗽聲　　throat〔θrot〕*n.* 喉嚨
crowd〔kraud〕*n.* 群眾　　laugh〔læf〕*v.* 笑
excellent〔'ɛksḷənt〕*adj.* 特優的

【劉毅英文製作】

105 年國中教育會考英語科修正意見

題　　號	修　　　正　　　意　　　見
第 16–17 題 第 6 行	…at *Town Office*. → at *the Town Office*.（在鎮公所） ＊原則上，專有名詞不加冠詞，但機關、學校、醫院、商店或其他 　公共建築物的名稱，要加 the，如：the White House（白宮）、 　the Ministery of Foreign Affairs（外交部）等。【詳見「文法寶 　典」p.62】
第 18–20 題 第二段 第 5 行	All year *around*.…→ All year *round*.… ＊ *all (the) year round*（一年到頭；終年），是 *round* 不是 *around*。
第 21–22 題 第 1 行	Here is the schedule *with the* notice *of* the summer school.… → Here is the schedule *and a* notice *from* the summer school.… ＊ schedule（課表）和 notice（公告）是不同的東西。
第 22 題 第 2 行	Who can possibly *remember all of them in a night*? → Who can possibly *remember all of them*? 把句尾的 in a night 　去掉。 或→ Who can possibly *memorize all of them in a night*? ＊在英文中 remember 和 memorize 都作「記得」解，但是「在一 　夜之間背熟」，就要用 memorize。
第 23 題 (D)	He is afraid of being by himself when he feels *ghosts around*. → He is afraid of being by himself when he feels *ghosts 　are around*. ＊在此 feels 相當於 thinks（認爲），後面應加句子。feel 後面接 　名詞是成語，如：feel sympathy for（同情）。
第 25–27 題 第 10 張圖	*get* crazy first → *go* crazy first already *got crazy* → already *crazy* ＊「發瘋」是 go crazy，go 相當於 become。

第 31 題 (B)	"You never know what a girl like Olivia *would* want." → "You never know what a girl like Olivia **will** want." ＊依句意，應用未來式，不是過去的未來。
第 31–34 題 倒數第 2 行	*Before* we know how to deal with Cow Cold, we can only…. → **Until** we know how to deal with Cow Cold, we can only…. ＊ Before 應改成 Until，Before 表「在…之前」，暗示治療方法一定能在某個時候找到，所以改成 Until 表「直到…的時候」，較符合句意。
第 35–38 題 第 1 行	It was 11p.m. *and* Molly walked out of her bakery. → It was 11p.m. ***when Molly walked out of her bakery.*** ＊依句意，「那時候」應用關係副詞 when 引導形容詞子句，修飾 11p.m.。
倒數第 3 行	But her daughter *was never* interested in baking. → But her daughter *was not* interested in baking. 或→ But her daughter *had never been* interested in baking. ＊原則上，never 要和完成式連用。
第 36 題	He ___36___ it into a flower shop. (A) had *changed* (B) *changed* (C) was going to *change* (D) has *changed* → (A) had **turned** (B) **turned** (C) was going to **turn** (D) has **turned** ＊ change A into B「把 A 變成 B」，是指本質與型態完全改變，和原來大不相同，例如：*change* the desert *into* farmland（把沙漠變成農地）。 而 *turn* A *into* B「把 A 變成 B」，是將 A 發展成 B，例如：We *turned* one kind of business *into* another kind of business.（我們把一種事業變成另一種事業。）在此將 bakery（麵包店）變成 flowershop（花店），還是商店，所以應該用 *turn…into*。 【例外】The prince was { changed into / turned into } a frog. （王子變成了青蛙。）

105 年度國中教育會考
英文科公佈答案

閱　讀

題　號	答　案
1	B
2	A
3	B
4	B
5	D
6	B
7	D
8	B
9	A
10	C
11	B
12	A
13	D
14	A
15	D
16	C
17	A
18	D
19	B
20	B
21	C

題　號	答　案
22	C
23	D
24	B
25	D
26	B
27	C
28	C
29	D
30	D
31	C
32	C
33	A
34	A
35	B
36	C
37	A
38	A
39	D
40	B
41	A

聽 力

題　號	答　案
1	A
2	C
3	C
4	B
5	C
6	C
7	B
8	A
9	B
10	A
11	B
12	A
13	C
14	B
15	A
16	B
17	A
18	A
19	C
20	A
21	B

105 年國中教育會考數學科試題

第一部分：選擇題（第 1～25 題）

1. $x = -3$，$y = 1$ 為下列哪一個二元一次方程式的解？
   (A) $x + 2y = -1$
   (B) $x - 2y = 1$
   (C) $2x + 3y = 6$
   (D) $2x - 3y = -6$

2. 算式 $[-5 - (-11)] \div (\dfrac{3}{2} \times 4)$ 之值為何？
   (A) 1
   (B) 16
   (C) $-\dfrac{8}{3}$
   (D) $-\dfrac{128}{3}$

3. 計算 $(2x + 1)(x - 1) - (x^2 + x - 2)$ 的結果，與下列哪一個式子相同？
   (A) $x^2 - 2x + 1$
   (B) $x^2 - 2x - 3$
   (C) $x^2 + x - 3$
   (D) $x^2 - 3$

4. 如圖（一），已知扇形 AOB 的半徑為 10 公分，圓心角為 54°，則此扇形面積為多少平方公分？
   (A) 100π
   (B) 20π
   (C) 15π
   (D) 5π

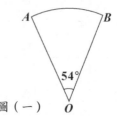

圖（一）

5. 圖（二）數線上的 A、B、C 三點所表示的數分別為 a、b、c。若 $|a - b| = 3$，$|b - c| = 5$，且原點 O 與 A、B 的距離

圖（二）

分別爲 4、1，則關於 *O* 的位置，下列敘述何者正確？

(A) 在 *A* 的左邊 　　　　　(B) 介於 *A*、*B* 之間

(C) 介於 *B*、*C* 之間 　　　(D) 在 *C* 的右邊

6. 多項式 $77x^2 - 13x - 30$ 可因式分解成 $(7x+a)(bx+c)$，其中 *a*、*b*、*c* 均爲整數，求 $a+b+c$ 之值爲何？

(A) 0 　　　　(B) 10 　　　　(C) 12 　　　　(D) 22

7. 圖（三）、圖（四）分別爲甲、乙兩班學生參加投籃測驗的投進球數長條圖。若甲、乙兩班學生的投進球數的眾數分別爲 *a*、*b*；中位數分別爲 *c*、*d*，則下列關於 *a*、*b*、*c*、*d* 的大小關係，何者正確？

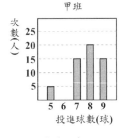
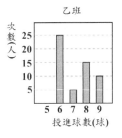

圖（三）　　　　圖（四）

(A) $a>b$，$c>d$

(B) $a>b$，$c<d$

(C) $a<b$，$c>d$

(D) $a<b$，$c<d$

8. 如圖（五），有一平行四邊形 *ABCD* 與一正方形 *CEFG*，其中 *E* 點在 *AD* 上。若 $\angle ECD = 35°$，$\angle AEF = 15°$，則 $\angle B$ 的度數爲何？

(A) 50

(B) 55

(C) 70

(D) 75

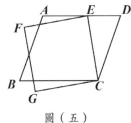

圖（五）

9. 小昱和阿帆均從同一本書的第 1 頁開始，逐頁依順序在每一頁上寫一個數。小昱在第 1 頁寫 1，且之後每一頁寫的數均為他在前一頁寫的數加 2；阿帆在第 1 頁寫 1，且之後每一頁寫的數均為他在前一頁寫的數加 7。若小昱在某頁寫的數為 101，則阿帆在該頁寫的數為何？

(A) 350　　　(B) 351　　　(C) 356　　　(D) 358

10. 甲箱內有 4 顆球，顏色分別為紅、黃、綠、藍；乙箱內有 3 顆球，顏色分別為紅、黃、黑。小賴打算同時從甲、乙兩個箱子中各抽出一顆球，若同一箱中每球被抽出的機會相等，則小賴抽出的兩顆球顏色相同的機率為何？

(A) $\dfrac{1}{3}$　　　(B) $\dfrac{1}{6}$　　　(C) $\dfrac{2}{7}$　　　(D) $\dfrac{7}{12}$

11. 坐標平面上有一個二元一次方程式的圖形，此圖形通過 $(-3, 0)$、$(0, -5)$ 兩點。判斷此圖形與下列哪一個方程式的圖形的交點在第三象限？

(A) $x - 4 = 0$　　　　　(B) $x + 4 = 0$
(C) $y - 4 = 0$　　　　　(D) $y + 4 = 0$

12. 如圖（六），$\triangle ABC$ 中，D、E 兩點分別在 $\overline{AC}$、$\overline{BC}$ 上，$\overline{DE}$ 為 $\overline{BC}$ 的中垂線，$\overline{BD}$ 為 $\angle ADE$ 的角平分線。若 $\angle A = 58°$，則 $\angle ABD$ 的度數為何？

(A) 58
(B) 59
(C) 61
(D) 62

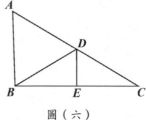

圖（六）

13. 若一正方形的面積為 20 平方公分，周長為 x 公分，則 x 的值介於下列哪兩個整數之間？

    (A) 16，17　　(B) 17，18　　(C) 18，19　　(D) 19，20

14. 如圖（七），圓 O 通過五邊形 $OABCD$ 的四個頂點。

    若 $\overarc{ABD} = 150°$，$\angle A = 65°$，$\angle D = 60°$，

    則 $\overarc{BC}$ 的度數為何？

    (A) 25

    (B) 40

    (C) 50

    (D) 55

    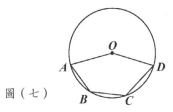

    圖（七）

15. 圖（八）的六邊形是由甲、乙兩個長方形和丙、丁兩個等腰直角三角形所組成，其中甲、乙的面積和等於丙、丁的面積和。若丙的一股長為 2，且丁的面積比丙的面積小，則丁的一股長為何？

    (A) $\dfrac{1}{2}$

    (B) $\dfrac{3}{5}$

    (C) $2 - \sqrt{3}$

    (D) $4 - 2\sqrt{3}$

    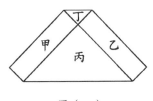

    圖（八）

16. 圖（九）的矩形 $ABCD$ 中，E 點在 $\overline{CD}$ 上，且 $\overline{AE} < \overline{AC}$。若 P、Q 兩點分別在 $\overline{AD}$、$\overline{AE}$ 上，$\overline{AP} : \overline{PD} = 4 : 1$，$\overline{AQ} : \overline{QE} = 4 : 1$，直線 PQ 交 $\overline{AC}$ 於 R 點，且 Q、R 兩點到 $\overline{CD}$ 的距離分別為 q、r，則下列關係何者正確？

(A) $q < r$，$\overline{QE} = \overline{RC}$

(B) $q < r$，$\overline{QE} < \overline{RC}$

(C) $q = r$，$\overline{QE} = \overline{RC}$

(D) $q = r$，$\overline{QE} < \overline{RC}$ 　圖（九）

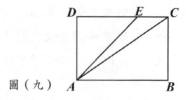

17. 已知 a、b、c 爲三正整數，且 a、b 的最大公因數爲 12，a、c 的最大公因數爲 18。若 a 介於 50 與 100 之間，則下列敘述何者正確？

    (A) 8 是 a 的因數，8 是 b 的因數

    (B) 8 是 a 的因數，8 不是 b 的因數

    (C) 8 不是 a 的因數，8 是 c 的因數

    (D) 8 不是 a 的因數，8 不是 c 的因數

18. 如圖（十），有一内部裝有水的直圓柱形水桶，桶高 20 公分；另有一直圓柱形的實心鐵柱，柱高 30 公分，直立放置於水桶底面上，水桶内的水面高度爲 12 公分，且水桶與鐵柱的底面半徑比爲 2：1。今小賢將鐵柱移至水桶外部，過程中水桶内的水量未改變，若不計水桶厚度，則水桶内的水面高度變爲多少公分？

    (A) 4.5

    (B) 6

    (C) 8

    (D) 9 　圖（十）

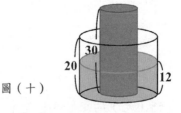

19. 表（一）爲小潔打算在某電信公司購買一支 MAT 手機與搭配一個門號的兩種方案。此公司每個月收取通話費與月租費的方式如下：若通話費超過月租費，只收通話費；若通話費不超過

月租費，只收月租費。若小潔每個月的通話費均為 x 元，x 為 400 到 600 之間的整數，則在不考慮其他費用並使用兩年的情況下，x 至少為多少才會使得選擇乙方案的總花費比甲方案便宜？

表（一）

	甲方案	乙方案
門號的月租費（元）	**400**	**600**
MAT 手機價格（元）	**15000**	**13000**
注意事項：以上方案兩年內不可變更月租費		

(A) 500

(B) 516

(C) 517

(D) 600

20. 如圖（十一），以矩形 $ABCD$ 的 A 為圓心，$\overline{AD}$ 長為半徑畫弧，交 $\overline{AB}$ 於 F 點；再以 C 為圓心，$\overline{CD}$ 長為半徑畫弧，交 $\overline{AB}$ 於 E 點。若 $\overline{AD} = 5$，$\overline{CD} = \dfrac{17}{3}$，則 $\overline{EF}$ 的長度為何？

(A) 2

(B) 3

(C) $\dfrac{2}{3}$

(D) $\dfrac{7}{3}$

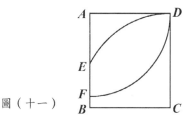

圖（十一）

21. 坐標平面上，某二次函數圖形的頂點為 $(2, -1)$，此函數圖形與 x 軸相交於 P、Q 兩點，且 $\overline{PQ} = 6$。若此函數圖形通過 $(1, a)$、$(3, b)$、$(-1, c)$、$(-3, d)$ 四點，則 a、b、c、d 之值何者為正？

(A) a　　　　(B) b　　　　(C) c　　　　(D) d

22. 圖（十二）的矩形 $ABCD$ 中，E 為 $\overline{AB}$ 的中點，有一圓過 C、D、E 三點，且此圓分別與 $\overline{AD}$、$\overline{BC}$ 相交於 P、Q 兩點。甲、

乙兩人想找到此圓的圓心 O，其作法如下：

（甲）作 $\angle DEC$ 的角平分線 L，作 $\overline{DE}$ 的中垂線，交 L 於 O
　　　點，則 O 即為所求

（乙）連接 $\overline{PC}$、$\overline{QD}$，兩線段交於一點 O，則 O 即為所求

對於甲、乙兩人的作法，下列判斷何者正確？

(A) 兩人皆正確

(B) 兩人皆錯誤

(C) 甲正確，乙錯誤

(D) 甲錯誤，乙正確　　　　　圖（十二）

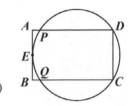

23. 如圖（十三），正六邊形 $ABCDEF$ 中，P、Q 兩點分別為
    $\triangle ACF$、$\triangle CEF$ 的內心。若 $\overline{AF} = 2$，
    則 $\overline{PQ}$ 的長度為何？

    (A) 1

    (B) 2

    (C) $2\sqrt{3} - 2$

    (D) $4 - 2\sqrt{3}$　　　　　圖（十三）

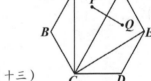

24. 如圖（十四），$\overline{OP}$ 為一條拉直的細線，A、B 兩點在 $\overline{OP}$ 上，
    且 $\overline{OA} : \overline{AP} = 1 : 3$，$\overline{OB} : \overline{BP} = 3 : 5$。若先固定 B 點，將
    $\overline{OB}$ 摺向 $\overline{BP}$，使得 $\overline{OB}$ 重疊在 $\overline{BP}$ 上，如圖（十五），再從
    圖（十五）的 A 點及與 A 點重疊處一起剪開，使得細線分成
    三段，則此三段細線由小到大的長度比為何？

    (A) $1 : 1 : 1$

    (B) $1 : 1 : 2$

    (C) $1 : 2 : 2$

    (D) $1 : 2 : 5$

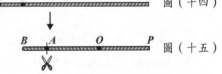

25. 如圖（十六），矩形 ABCD 中，M、E、F 三點在 $\overline{AD}$ 上，N
　　是矩形兩對角線的交點。若 $\overline{AB} = 24$，$\overline{AD} = 32$，$\overline{MD} = 16$，
　　$\overline{ED} = 8$，$\overline{FD} = 7$，則下列哪一條直
　　線是 A、C 兩點的對稱軸？

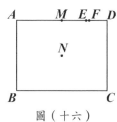

(A) 直線 MN
(B) 直線 EN
(C) 直線 FN
(D) 直線 DN

圖（十六）

第二部分：非選擇題（第 1～2 題）

1. 如圖（十七），△ABC 中，$\overline{AB} = \overline{AC}$，D 點在 $\overline{BC}$ 上，
　　∠BAD = 30°，且 ∠ADC = 60°。
　　請完整說明爲何 $\overline{AD} = \overline{BD}$
　　與 $\overline{CD} = 2\overline{BD}$ 的理由。

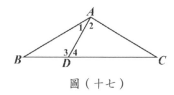

圖（十七）

2. 如圖（十八），正方形 ABCD 是一張邊長爲 12 公分的皮革。皮
　　雕師傅想在此皮革兩相鄰的角落分別切下 △PDQ 與 △PCR 後
　　得到一個五邊形 PQABR，其中 $\overline{PD} = 2\overline{DQ}$，$\overline{PC} = \overline{RC}$，且 P、
　　Q、R 三點分別在 $\overline{CD}$、$\overline{AD}$、$\overline{BC}$ 上，如圖（十八）所示。

　　(1) 當皮雕師傅切下 △PDQ 時，若 $\overline{DQ}$ 長度爲 x 公分，請你
　　　　以 x 表示此時 △PDQ 的面積。

　　(2) 承 (1)，當 x 的值爲多少時，
　　　　五邊形 PQABR 的面積最大？
　　　　請完整說明你的理由並求出答案。

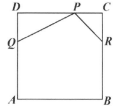

圖（十八）

參考公式：

📖 和的平方公式：$(a+b)^2 = a^2 + 2ab + b^2$

　差的平方公式：$(a-b)^2 = a^2 - 2ab + b^2$

　平方差公式：$a^2 - b^2 = (a+b)(a-b)$

📖 若直角三角形兩股長為 a、b，斜邊長為 c，則 $c^2 = a^2 + b^2$

📖 若圓的半徑為 r，圓周率為 π，則圓面積 $= \pi r^2$，

　圓周長 $= 2\pi r$

📖 若一個等差數列的首項為 a_1，公差為 d，第 n 項為 a_n，

　前 n 項和為 S_n，則 $a_n = a_1 + (n-1)d$，$S_n = \dfrac{n(a_1 + a_n)}{2}$

📖 一元二次方程式 $ax^2 + bx + c = 0$ 的解為 $x = \dfrac{-b \pm \sqrt{b^2 - 4ac}}{2a}$

105年國中教育會考數學科試題詳解

第一部分：選擇題（第 1～25 題）

1. **A**

【解析】 將 $x=-3$，$y=1$ 代入下列各式

(A) $(-3)+2 \cdot 1 = -1$

(B) $(-3)-2 \cdot 1 = -5 \neq 1$

(C) $2 \cdot (-3)+3 \cdot 1 = -3 \neq 6$

(D) $2 \cdot (-3)-3 \cdot 1 = -9 \neq -6$

故選 (A)

2. **A**

【解析】 $[-5-(-11)] \div (\dfrac{2}{3} \times 4)$

$= [-5+11] \div (3 \times 2)$

$= 6 \div 6 = 1$

故選 (A)

3. **A**

【解析】 $(2x+1)(x-1)-(x^2+x-2)$

$= (2x^2-2x+x-1)-(x^2+x-2)$

$= 2x^2-x-1-x^2-x+2$

$= x^2-2x+1$

故選 (A)

4. **C**

【解析】 扇形 AOB 面積 $= 10 \times 10 \times \pi \times \dfrac{54}{360}$

$= 15\pi$（平方公分）

故選 (C)

5. **C**

【解析】 $\because \overline{OB} = 1$

$\therefore O$ 點在 B 點左側 1 單位處或右側 1 單位處

已知 $\overline{OA} = 4$：

①若 O 點在 B 點左側 1 單位處

$\because |a-b| = 3$，$\therefore \overline{OA} = 3-1 = 2$（不合）

②若 O 點在 B 點右側 1 單位處

$\because |a-b| = 3$，$\therefore \overline{OA} = 3+1 = 4$（合）

因此 O 點在 B、C 之間

故選 (C)

6. **C**

【解析】 利用十字交乘法將 $77x^2 - 13x - 30$ 因式分解

可得 $77x^2 - 13x - 30 = (7x-5)(11x+6)$

$$
\begin{array}{cc}
7x & -5 \\
11x & +6 \\
\hline
-55x + 42x = -13x &
\end{array}
$$

可得 $a = -5$，$b = 11$，$c = 6$

則 $a + b + c = (-5) + 11 + 6 = 12$

故選 (C)

7. **A**

　　【解析】　由圖（三）、圖（四）可知 $a=8$，$b=6 \Rightarrow a>b$

　　　　　　甲班共有 $5+15+20+15=55$（人）

　　　　　　乙班共有 $25+5+15+10=55$（人）

　　　　　　∴甲、乙兩班的中位數均為第 28 人

　　　　　　得 $c=8$，$d=7 \Rightarrow c>d$

　　　　　　故選 (A)

8. **C**

　　【解析】　$\angle CED=180°-\angle AEF-\angle CEF$

　　　　　　　　　　$=180°-15°-90°=75°$

　　　　　　得 $\angle D=180°-\angle CED-\angle ECD$

　　　　　　　　　　$=180°-75°-35°=70°$

　　　　　　∵四邊形 $ABCD$ 為平行四邊形

　　　　　　∴$\angle B=\angle D=70°$（平行四邊形對角相等）

　　　　　　故選 (C)

9. **B**

　　【解析】　小昱所寫的數為 1，3，5，7，……，101，……

　　　　　　阿帆所寫的數為 1，8，15，22，……，$\boxed{?}$，……

　　　　　　設小昱所寫的第 n 個數為 101

　　　　　　$\Rightarrow a_n=101=1+(n-1)\times 2$

　　　　　　$2(n-1)=100$，$n-1=50$，$n=51$

　　　　　　阿帆所寫的第 51 個數為

　　　　　　$1+(51-1)\times 7=1+50\times 7=1+350=351$

　　　　　　故選 (B)

10. **B**

【解1】 將小賴從甲、乙兩箱中抽出顏色球的所有情形
繪出樹狀圖，如下圖所示：

⇒ 顏色相同的只有都抽出紅色和都抽出黃色2種
情形

∴同時抽中顏色相同的球機率為 $\dfrac{2}{12} = \dfrac{1}{6}$

【解2】 同時抽中紅球的機率為 $\dfrac{1}{4} \times \dfrac{1}{3} = \dfrac{1}{12}$

同時抽中黃球的機率為 $\dfrac{1}{4} \times \dfrac{1}{3} = \dfrac{1}{12}$

∴同時抽中顏色相同的球機率為 $\dfrac{1}{12} + \dfrac{1}{12} = \dfrac{1}{6}$

故選 (B)

11. **D**

【解析】

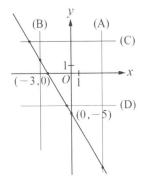

故選 (D)

12. **D**

【解析】 ∵ $\overline{BD}$ 是 ∠ADE 的角平分線

∴ ∠1＝∠2……①

∵ $\overline{DE}$ 是 $\overline{BC}$ 的中垂線

∴ ∠2＝∠3……②

由①、②可得∠1＝∠2＝∠3

又∠1＋∠2＋∠3＝180°，

故∠1＝∠2＝∠3＝60°

⇒∠4＝∠C＝90°－60°＝30°

∴ ∠ABD＝180°－∠A－∠4－∠C

＝180°－58°－30°－30°＝62°

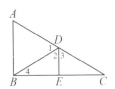

故選 (D)

13. **B**

【解析】∵周長為 x 公分，∴邊長為 $\dfrac{x}{4}$ 公分

$\Rightarrow (\dfrac{x}{4})^2 = 20$，$\dfrac{x^2}{16} = 20$，$x^2 = 320$

又 $17^2 = 289$，$18^2 = 324$

∴$17^2 < 320 < 18^2$，即 $17^2 < x^2 < 18^2$

又 x 為正整數

∴x 介於 17 和 18 之間

故選 (B)

14. **B**

【解析】連接 $\overline{OB}$、$\overline{OC}$

則△OAB、△OBC、△OCD

皆為等腰三角形

得 $\angle 1 = 180° - 2\angle A = 180° - 2 \times 65° = 50°$

$\angle 2 = 180° - 2\angle D = 180° - 2 \times 60° = 60°$

∵ $A\overset{\frown}{B}D = 150°$

∴ $\angle AOD = 150°$

可得 $\angle 3 = \angle AOD - \angle 1 - \angle 2$

$= 150° - 50° - 60° = 40°$

即 $\overset{\frown}{BC} = 40°$

故選 (B)

15. **D**

　　【解析】　設丁的一股長為 a，且 $a<2$

　　　　∵甲面積＋乙面積＝丙面積＋丁面積

　　　　∴$2a+2a=\dfrac{1}{2}\times 2^2+\dfrac{1}{2}\times a^2$

　　　　$\Rightarrow 4a=2+\dfrac{1}{2}a^2$

　　　　$\Rightarrow a^2-8a+4=0$

　　　　$\Rightarrow a=\dfrac{8\pm\sqrt{(-8)^2-4\times 1\times 4}}{2}=\dfrac{8\pm 4\sqrt{3}}{2}=4\pm 2\sqrt{3}$

　　　　∵$4+2\sqrt{3}>2$，不合

　　　　　$4-2\sqrt{3}<2$，合

　　　　∴$a=4-2\sqrt{3}$

　　　　故選 (D)

16. **D**

　　【解析】　∵$\overline{AP}:\overline{PD}=\overline{AQ}:\overline{QE}=4:1$

　　　　∴$\overline{PQ}\,/\!/\,\overline{DE}$

　　　　得 $\overline{PR}\,/\!/\,\overline{DC}$，且 $\overline{AR}:\overline{RC}=4:1$

　　　　∵兩平行線的距離皆相等

　　　　∴$q=r$

　　　　又 $\overline{AE}<\overline{AC}$

　　　　∴$\overline{QE}=\dfrac{1}{5}\overline{AE}<\dfrac{1}{5}\overline{AC}=\overline{RC}$

　　　　故選 (D)

17. **B**

【解析】　①$\because (a,b)=12$，$(a,c)=18$

　　　　　　$\therefore a$ 為 12 與 18 的公倍數

　　　　　　又 $[12,18]=36$

　　　　　　且 a 介於 50 與 100 之間

　　　　　　得 $a=36\times2=72$

　　　　　　因此 8 是 a 的因數

　　　　　②$\because (a,b)=12$

　　　　　　設 $b=12\times m$，其中 m 為正整數

　　　　　　又 $a=72=12\times6$

　　　　　　$\therefore m$ 和 6 互質

　　　　　　因此 8 不是 b 的因數

　　　　故選 (B)

18. **D**

【解析】　$\because$ 水桶底面半徑：鐵柱底面半徑$=2:1$

　　　　　$\therefore$ 水桶底面積：鐵柱底面積$=2^2:1^2=4:1$

　　　　　設鐵柱底面積為 A，水桶底面積為 $4A$

　　　　　則水桶底面扣除鐵柱部分的環形區域面積為

　　　　　$4A-A=3A$，如右圖所示

　　　　　$\Rightarrow$ 原有的水量為 $3A\times12=36A$

　　　　　所求$=\dfrac{36A}{4A}=9$（公分）

　　　　故選 (D)

19. **C**

　【解析】 ∵ $400 < x < 600$

　　　　∴若 <u>小潔</u> 選擇甲方案，需以通話費計算

　　　　　若 <u>小潔</u> 選擇乙方案，需以月租費計算

　　　　甲方案使用兩年 $= 24x + 15000$

　　　　乙方案使用兩年 $= 24 \times 600 + 13000 = 27400$

　　　　$\Rightarrow 24x + 15000 > 27400$

　　　　　$24x > 12400$

　　　　　$x > 516\dfrac{2}{3}$

　　　　即 x 至少為 517

　　　　故選 (C)

20. **A**

　【解析】 連接 $\overline{CE}$

　　　　$\overline{CE} = \overline{CD} = \dfrac{17}{3}$，$\overline{BC} = \overline{AD} = 5$

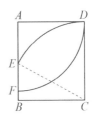

　　　　∵ $\triangle BCE$ 為直角三角形

　　　　∴ $\overline{BE} = \sqrt{(\dfrac{17}{3})^2 - 5^2}$

　　　　　　$= \sqrt{\dfrac{289 - 225}{9}} = \sqrt{\dfrac{64}{9}} = \dfrac{8}{3}$

　　　　又 $\overline{BF} = \overline{AB} - \overline{AF} = \dfrac{17}{3} - 5 = \dfrac{2}{3}$

　　　　∴ $\overline{EF} = \overline{BE} - \overline{BF} = \dfrac{8}{3} - \dfrac{2}{3} = 2$

　　　　故選 (A)

21. **D**

　　【解析】∵二次函數圖形的頂點為 $(2 , -1)$

　　　　　　∴對稱軸為 $x = 2$

　　　　　　∵$\dfrac{1}{2} \times \overline{PQ} = \dfrac{1}{2} \times 6 = 3$

　　　　　　∴圖形與 x 軸的交點為 $(2-3 , 0) = (-1 , 0)$

　　　　　　　和 $(2+3 , 0) = (5 , 0)$

　　　　　已知圖形通過 $(2 , -1)$、$(-1 , 0)$、$(5 , 0)$ 三點

　　　　　作簡圖如右

　　　　　由圖形可知：

　　　　　$a = b < 0$，$c = 0$，$d > 0$

　　　　　故選 (D)

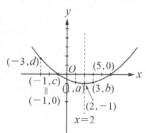

22. **A**

　　【解析】（甲）如圖 (a)

　　　　　　　∵$\overline{ED} = \overline{EC}$

　　　　　　　∴△DEC 為等腰三角形

　　　　　　　⇒ L 為 $\overline{CD}$ 之中垂線

　　　　　　　⇒ O 為兩中垂線之交點，即 O 為△CDE 的

　　　　　　　外心 ⇒ O 為此圓圓心

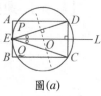

圖(a)

　　　　　（乙）如圖 (b)

　　　　　　　∵$\angle ADC = 90°$，$\angle DCB = 90°$

　　　　　　　∴$\overline{PC}$、$\overline{QD}$ 皆為此圓直徑

　　　　　　　⇒ $\overline{PC}$ 與 $\overline{QD}$ 之交點 O 為此圓圓心

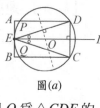

圖(b)

　　　　　因此甲、乙兩人皆正確

　　　　　故選 (A)

23. **C**

【解析】連接 $\overline{PF}$、$\overline{QF}$、$\overline{PC}$、$\overline{QC}$

可得四邊形 $FPCQ$ 為箏形

所以 $\overline{PQ} \perp \overline{CF}$

又 $\triangle ACF \cong \triangle ECF$

且皆為 30°、60°、90° 的三角形

所以 $\overline{AC} = \sqrt{3}\,\overline{AF} = 2\sqrt{3}$，$\overline{CF} = 2\overline{AF} = 4$

得 $\overline{PQ} = 2 \times$ 內切圓半徑

$$= 2 \times \frac{\overline{AF} + \overline{AC} - \overline{CF}}{2}$$

$$= 2 + 2\sqrt{3} - 4 = 2\sqrt{3} - 2$$

故選 (C)

24. **B**

【解析】$\because \begin{cases} \overline{OA} : \overline{AP} = 1 : 3 = 2 : 6 \\ \overline{OB} : \overline{BP} = 3 : 5 \end{cases}$

$\therefore \overline{OA} = \dfrac{2}{8}\overline{OP}$，$\overline{OB} = \dfrac{3}{8}\overline{OP}$

$\Rightarrow \overline{AB} = \dfrac{3}{8}\overline{OP} - \dfrac{2}{8}\overline{OP} = \dfrac{1}{8}\overline{OP}$

$\overline{BP} = \dfrac{5}{8}\overline{OP}$

$\Rightarrow \overline{OA} : \overline{AB} : \overline{BP} = \dfrac{2}{8}\overline{OP} : \dfrac{1}{8}\overline{OP} : \dfrac{5}{8}\overline{OP}$

$$= 2 : 1 : 5$$

設 $\overline{OA} = 2r$，$\overline{AB} = r$，$\overline{BP} = 5r$

且圖(十五)中與 A 點重疊處一起被剪開的點為 A'

O   A B   P

↓

B A   O   P

✂

O   A A' P

則 $\overline{BA'} = \overline{AB} = r$

所求 $= \overline{OA} : \overline{AA'} : \overline{A'P}$

$\qquad = 2r : (r+r) : (5r-r)$

$\qquad = 2r : 2r : 4r = 1 : 1 : 2$

故選 (B)

25. **C**

【解析】 $\because A$、C 兩點的對稱軸為 $\overline{AC}$ 的中垂線

$\therefore$ 連接 $\overline{AC}$，過 N 作 $\overline{AC}$ 的垂直線

設此直線交 $\overline{AD}$ 於 P 點

$\overline{AC} = \sqrt{\overline{AB}^2 + \overline{BC}^2}$

$\quad = \sqrt{24^2 + 32^2} = 40$

$\overline{AN} = \dfrac{1}{2}\overline{AC} = 20$

$\because \triangle ABC \sim \triangle PNA$（$AA$ 相似）

$\therefore \overline{AC} : \overline{AP} = \overline{BC} : \overline{AN}$

$\Rightarrow 40 : \overline{AP} = 32 : 20$

$\Rightarrow \overline{AP} = \dfrac{40 \times 20}{32} = 25$

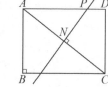

$\because \overline{AD} = 32$，$\overline{FD} = 7$

$\therefore \overline{AF} = 32 - 7 = 25 = \overline{AP}$

$\Rightarrow P$ 點與 F 點重合

$\Rightarrow$ 所求的對稱軸為直線 FN

故選 (C)

第二部分：非選擇題（第 1～2 題）

1. 【答案】如詳解

　　【解析】 (1)$\because \angle 4 = 60°$，$\angle 1 = 30°$

根據三角形外角定理可得

$\angle ABD = \angle 4 - \angle 1$

$= 60° - 30° = 30° = \angle 1$

$\therefore \triangle ABD$ 為等腰三角形

得 $\overline{AD} = \overline{BD}$

(2)承(1)，$\angle ABD = 30°$

又 $\overline{AB} = \overline{AC}$，

可得 $\triangle ABC$ 亦為等腰三角形

即 $\angle C = \angle ABD = 30°$

得 $\angle 2 = 180° - \angle 4 - \angle C$

$= 180° - 60° - 30° = 90°$

$\therefore \triangle ACD$ 為 $30°$、$60°$、$90°$ 的直角三角形

$\Rightarrow \overline{AD} : \overline{AC} : \overline{CD} = 1 : \sqrt{3} : 2$

故 $\overline{CD} = 2\,\overline{AD} = 2\,\overline{BD}$

2. 【答案】 (1) x^2 平方公分

(2) 當 $x=4$ 時，五邊形 $PQABR$ 有最大面積為 120 平方公分

【解析】 (1) $\overline{DQ}=x$ 公分，$\overline{PD}=2\overline{DQ}=2x$ 公分

則 $\triangle PDQ$ 面積 $=\dfrac{x \cdot 2x}{2}=x^2$（平方公分）

(2) $\overline{PD}=2x$ 公分，$\overline{CD}=12$ 公分

則 $\overline{PC}=\overline{CR}=12-2x$（公分）

五邊形 $PQABR$ 面積

$=$ 正方形 $ABCD$ 面積 $-\triangle PDQ$ 面積

　$-\triangle PCR$ 面積

$=12^2-x^2-\dfrac{1}{2}(12-2x)^2$

$=144-x^2-\dfrac{1}{2}(144-48x+4x^2)$

$=144-x^2-72+24x-2x^2$

$=-3x^2+24x+72$

$=-3(x^2-8x+4^2)+72+3\times16$

$=-3(x-4)^2+120$

故當 $x=4$ 時，五邊形 $PQABR$ 有最大面積為 120 平方公分

105 年度國中教育會考
數學科公佈答案

題　號	答　案	題　號	答　案
1	A	16	D
2	A	17	B
3	A	18	D
4	C	19	C
5	C	20	A
6	C	21	D
7	A	22	A
8	C	23	C
9	B	24	B
10	B	25	C
11	D		
12	D		
13	B		
14	B		
15	D		

105 年國中教育會考社會科試題

一、單題：(1~35 題)

1. 表（一）為 2010 年臺灣北、中、南、東四大區域的產業人口比例，其中何者為北部區域？

表（一）

區域　產業	甲	乙	丙	丁
第一級產業	1	15	7	9
第二級產業	34	23	36	40
第三級產業	65	62	57	51

單位：%

　　(A) 甲
　　(B) 乙
　　(C) 丙
　　(D) 丁

2. 小章在郵局網頁上看到如圖（一）的訊息，圖中各國適逢連續假期，是因為此期間有這些國家主要宗教信仰的重要節日。圖中各國的主要宗教信仰應為下列何者？

　　(A) 佛教
　　(B) 印度教
　　(C) 基督教
　　(D) 伊斯蘭教　　　圖（一）

最新消息 | 全部消息
🏠首頁 >訊息中心 >最新消息　　◀回上頁 ◉回列表
103年7月底適逢汶萊、埃及、印尼、巴基斯坦、沙烏地阿拉伯、土耳其、阿拉伯聯合大公國等國之連續假期，寄往上述國家的郵件請儘早交寄，以免遭致延誤。
發布單位:郵務處　　發布時間:103/07/21　閱次:558

3. 中國在 1950 至 1980 年間，對一月月均溫低於 0℃ 的區域施行免費供煤取暖政策，但卻造成嚴重空氣汙染，影響當地居民健康。該政策實際供煤的區域，大致以下列哪條河流為其南界？

　　(A) 黃河　　　　　　　　(B) 淮河
　　(C) 長江　　　　　　　　(D) 珠江

4. 圖（二）為某種災害的警告標示牌，用來
提醒民眾提高警覺。根據臺灣行政區的地
形特色判斷，此種標示牌在下列哪個縣
（市）最多？
(A) 彰化縣
(B) 雲林縣
(C) 南投縣
(D) 新竹市

圖（二）

5. 非洲的昏睡症是由嗤嗤蠅傳播的一
種疾病，圖（三）是嗤嗤蠅的影響
範圍，下列何者大部分地區位於此
範圍內？
(A) 剛果盆地
(B) 撒哈拉盆地
(C) 喀拉哈里盆地
(D) 尼羅河三角洲

圖（三）

6. 圖（四）是某旅行社的傳單內容，
若想了解當地原住民族的生活，最
適合參考下列哪一本書？
(A)《矮靈祭的傳說》
(B)《飛魚祭的探索》
(C)《祀壺信仰的淵源》
(D)《紋面習俗的傳承》

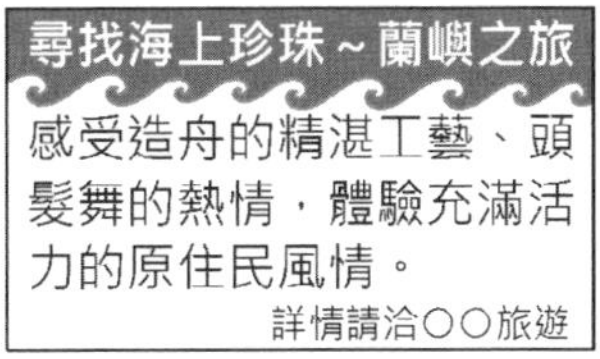

尋找海上珍珠～蘭嶼之旅
感受造舟的精湛工藝、頭
髮舞的熱情，體驗充滿活
力的原住民風情。
詳情請洽○○旅遊

圖（四）

7. 表（二）是臺灣某時期官方書籍所推薦當時北部地區參訪地點
   的整理，根據內容判斷，
   表中的「？」最可能是
   下列何者？
   (A) 臺灣府
   (B) 臺灣總督府
   (C) 臺灣省政府
   (D) 臺灣省行政長官公署

表（二）

參訪地點	性質
國語學校	教育機構
臺北郵便局（郵局）	通訊機構
臺灣神社	統治象徵
？	最高統治機關

8. 約西元前3500年開始，人類歷史陸續發展出高度文明，如：
   西亞的蘇美、埃及古王國及中國的殷商時期，下列何者為上述
   古文明的共同特色？
   (A) 出現文字　　　　　　(B) 強調一神信仰
   (C) 實施種姓制度　　　　(D) 建立跨歐亞的帝國

9. 圖（五）中的句子，是學生報告的段落標題。此份報告的題目，
   最可能是下列何者？
   (A) 荷西爭奪臺灣的紛擾
   (B) 鄭氏三代的臺灣經營
   (C) 朱一貴反清事件的始末
   (D) 曇花一現的臺灣民主國

一、盤據東南謀復明
二、東征攻臺驅紅毛
三、漢人社會始紮根
四、兵敗薙髮終降清

圖（五）

10. 圖（六）是某出土文物上刻寫的銘文，依其內容大意判斷，最
    可能是呈現下列何人的事蹟？
    (A) 秦始皇
    (B) 漢武帝
    (C) 唐太宗
    (D) 明太祖

圖（六）

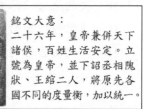

銘文大意：
二十六年，皇帝兼併天下
諸侯，百姓生活安定。立
號為皇帝，並下詔丞相隗
狀、王綰二人，將原先各
國不同的度量衡，加以統一。

11. 圖（七）呈現<u>清</u>中葉以後，朝廷允許外國傳教士在<u>華</u>活動範圍逐漸改變的情形。造成此轉變的原因，最可能是下列何者？

(A) <u>清朝</u>對外條約的簽訂
(B) <u>太平天國</u>的傳教影響
(C) <u>清朝</u>接受<u>美國</u>的門戶開放政策
(D) <u>中國</u>經濟重心由沿海轉向內地

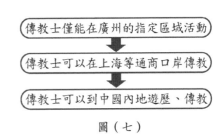

傳教士僅能在廣州的指定區域活動

傳教士可以在上海等通商口岸傳教

傳教士可以到中國內地遊歷、傳教

圖（七）

12. <u>小韓</u>無意間涉入一起珠寶竊案而遭檢察官約談，雖然案件仍在調查階段，但因媒體的報導，使<u>小韓</u>飽受朋友及路人的異樣眼光，他不平地認為社會上的法治素養實在有待加強。上述<u>小韓</u>指的法治素養最可能是下列何者？

(A) 告訴乃論之罪，司法人員不得主動追究
(B) 人民不分貧富貴賤，犯罪就要依法處罰
(C) 法律未明定處罰的行為，不得任意處罰
(D) 未經法官判決有罪確定前，應視為無罪

13. 我國籍遠洋漁船上，船長與漁工的對話如下：

漁工<u>小義</u>：「船長，我們可以下網捕魚了嗎？」

船長<u>小城</u>：「沒問題，我們的船已經開到可自由捕魚的公海上了。」

根據上述內容判斷，<u>小城</u>的船隻最可能位於圖（八）中哪一個位置？

(A) 甲
(B) 乙
(C) 丙
(D) 丁

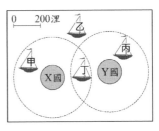

圖（八）

14. 小安有甲、乙、丙三份工作機會，
　　將其機會成本繪製如表（三）。若
　　小安在繪製表格時僅以薪資為考量，
　　根據表中內容判斷，甲、乙、丙三
　　份工作的薪資，由高到低依序為下
　　列何者？

表（三）

工作	機會成本
甲	丙的薪資
乙	甲的薪資
丙	甲的薪資

　　(A) 丙、乙、甲　　　　　　(B) 甲、丙、乙
　　(C) 丙、甲、乙　　　　　　(D) 甲、乙、丙

15. 一位釣客因天黑視線不良誤入商港範圍內釣魚，但他的行為已
　　違反相關法規，將可能被處以罰鍰，警方提醒民眾千萬不要因
　　疏忽而觸法。上述釣客若被開罰而不服，依法他應先採下列何
　　種方式進行權利救濟？
　　(A) 向警察機關提出請願
　　(B) 向高等法院提出上訴
　　(C) 向訴願管轄機關提出訴願
　　(D) 向高等行政法院提起訴訟

16. 某小鎮的夜市因各大美食節目頻頻採訪而聲名大噪，許多觀光
　　客慕名而來，但因當地目前的基礎建設無法容納眾多人潮與車
　　潮，導致交通堵塞情況嚴重。若該小鎮的鎮長採取某種方法解
　　決上述問題，下列何者最可能是他的作法？
　　(A) 增加所得稅收　　　　　(B) 興建公共造產
　　(C) 舉辦地方特色活動　　　(D) 規範媒體報導內容

17. 某官員在接受質詢時說：「近來因國際投資客將大筆資金投入
　　我國金融市場，使得新臺幣相對美元大幅升值，為避免過度升
　　值對我國出口貿易產生不利影響，我們將會適時介入影響新臺

幣的匯率、控制貨幣數量，以維持物價的穩定。」下列何者最
可能是上述官員任職的政府機關？

(A) 財政部　　　　　　　　(B) 經濟部

(C) 臺灣銀行　　　　　　　(D) 中央銀行

18. 2012 年，某作物的世界前四大出口國為泰國、印尼、越南和
馬來西亞。根據這些國家的自然環境特徵判斷，該作物最可能
為下列何者？

(A) 小麥　　　(B) 棉花　　　(C) 橄欖　　　(D) 橡膠

19. 表（四）為某種環境問題在各個地區造成的影響，該環境問題
持續惡化後，最可能出現下列何種現象？

表（四）

地區	影響
喜馬拉雅山區	冰河逐漸消退
熱帶海域	大量珊瑚白化
北極地區	部分動物棲息地減少
溫帶地區	出現熱帶地區常見的傳染病

(A) 海水淹沒沿海低窪地區　　(B) 兩極地區海水鹽度上升

(C) 沿海地區地層下陷嚴重　　(D) 高緯區可耕地面積減少

20. 「2009 年侵襲臺灣的莫拉克颱風帶來驚人雨量，隨著豪雨沖
刷下來的漂流木，布滿東海岸的海域，導致臺東許多漁港暫時
關閉；部分漂流木更順著洋流流動到其他國家附近的海域，影
響其海上作業船隻的安全。」根據臺灣附近洋流流向判斷，這
些漂流木最可能會流動到哪個地區附近的海域？

(A) 中國 海南島　　　　　　(B) 印尼 爪哇島

(C) 日本 琉球群島　　　　　(D) 菲律賓 呂宋島

21. 一地的人口密度常隨海拔高度的不同而異，表（五）為某類型
國家兩種海拔高度分區的
人口疏密狀況，其結果與
全球多數國家相反。該類
型國家最可能位於下列哪
一緯度區內？

表（五）

海拔高度	人口密度
1,000 公尺以下	較稀疏
1,000 公尺以上	較稠密

(A) 66.5°N～90°N
(B) 30°N～60°N
(C) 23.5°N～23.5°S
(D) 40°S～66.5°S

22. 《諸羅縣志》記載：「……為縣治往郡必由之路。舊時冬春架
竹為之，上覆以土；夏秋水漲漂去，設渡以濟行人。」上文是
描述臺灣某地過去在冬春時，會架起簡易的竹橋以利通行，夏
秋時則因竹橋會遭沖毀遂改以渡船代之。上述不同季節的過溪
方式，與當地河川的何種特色關係最密切？

(A) 坡陡流急
(B) 泥沙含量偏高
(C) 流向多為東西向
(D) 屬於荒溪型河川

23. 臺灣本島的位置約介於 22°N～25°N，120°E～122°E 之間。某
中國旅遊團至臺灣某地遊覽時，車上的定位系統測得該地的經
緯度坐標為（24.16°N，121.62°E），該旅遊團最可能是在下列
何處遊覽？

(A) 嘉義 阿里山
(B) 花蓮 太魯閣
(C) 臺東 三仙臺
(D) 高雄 西子灣

24. 「中國史上，某位皇帝考量原根據地的農業生產落後，且北方
外族威脅漸弱，為有效擴張勢力，因此將都城向南遷徙到漢文
化的重鎮。遷都後，因貴族與大臣反彈，甚至起而叛亂，皇帝
剷除反對勢力後，更加大力推行漢化。」上文所述最可能是下
列何事？

(A) 忽必烈建都大都　　　　　(B) 明成祖移都北京

(C) 隋文帝營建大興　　　　　(D) 北魏孝文帝定都洛陽

25. 表（六）是某一組織的重要事件整理，根據內容判斷，下列何者最適合放入表中的「？」處？

表（六）

重要事件
★成立於十七世紀初
★　　　　　？
★曾在臺灣、南非好望角等地建立殖民地
★在日本鎖國時期，獲准與日本貿易

(A) 從印度輸出大量瓷器販賣至中國

(B) 以白銀吸引中國商人至馬尼拉交易

(C) 以澳門為據點，推動亞洲傳教事業

(D) 設亞洲總部於巴達維亞，統籌經營

26. 表（七）呈現某帝國的形勢演變，此帝國最可能是下列何者？

表（七）

時間	形勢演變
十三世紀	興起於安納托力亞高原
十六世紀	掌控巴爾幹半島，邁向全盛時期
十九世紀	因俄國、英國、法國的侵略而衰弱
二十世紀	第一次世界大戰戰敗，帝國瓦解

(A) 奧匈帝國　　　　　　　　(B) 拜占庭帝國

(C) 神聖羅馬帝國　　　　　　(D) 鄂圖曼土耳其帝國

27. 以下是某書對臺灣的描述：「此時期臺灣居民不得與外國往來，而且統治者為了管制移民、稽查海盜，還限定臺灣與中國大陸的對渡港口。當時臺灣所輸出的稻米幾乎全部銷往福建及其附

近地區，糖則主要運銷華中、華北和東北。」此時期由負責上述貨物運銷的商人所自行組成的組織，最可能是下列何者？

(A) 郊

(B) 洋行

(C) 市舶司

(D) 總理衙門

> 📖 郊＝行郊；
> 　總理衙門：總理各國
> 　事務衙門的簡稱。

28. 某雜誌對臺灣當時的鐵路建設有以下描述：「目前已修築完成的鐵路，路線包括：一、從基隆經臺北、新竹到中港（今竹南），二、從大稻埕、臺北到淡水，三、從嘉義經臺南到打狗等。至於中港到嘉義間，由於需跨越多條河流，工程尤其困難，但預計在幾年後，就可以貫通臺灣南北。」雜誌的描寫，其時間點最可能在下列哪一時期？

(A) 荷蘭統治時期　　　　　(B) 鄭氏統治時期

(C) 清朝統治時期　　　　　(D) 日本統治時期

29. 圖（九）是關於我國《憲法》中人民基本權利的分類，阿偉聽完老師的講解後，在課本上加了甲、乙、丙、丁四個註解，下列何者最適合作為「乙」註解的內容？

(A) 報考公務人員考試

(B) 提供民眾職業訓練管道

(C) 投書媒體評論政府政策

(D) 禁止因性別差異而同工不同酬

圖（九）

30. 公民老師請同學以生活中的新聞為題材，利用課堂所學為新聞內容訂標題。根據表（八）的內容判斷，哪一位同學寫的標題有誤？

表（八）

姓名	新聞標題
小美	十三歲嫌犯，將移送少年法院審理
小幸	食品檢驗不合格，縣政府將處罰鍰
阿楷	行政機關浪費水，監察院提出糾正
阿涵	冷血殺人犯，檢察官作出死刑判決

(A) 小美　　　(B) 小幸　　　(C) 阿楷　　　(D) 阿涵

31. 某景點的特色是搭船遊湖欣賞湖光山色，各船公司紛紛推出不同的廣告標語來吸引遊客搭乘。圖（十）是某四家船公司的廣告標語，其中何者運用了「需求法則」的概念？

甲　配備全球衛星定位系統，請安心搭乘。

乙　船艙設有高級空調及舒適的豪華座椅。

丙　購買去程船票，可憑票根免費搭回程。

丁　公司合法立案，船隻經政府檢驗合格。

圖（十））

(A) 甲　　　(B) 乙　　　(C) 丙　　　(D) 丁

32. 新聞報導：某業者成立基金會，並設置專線作為捐款平臺，讓民眾可以透過這個管道，即時捐款給需要幫助的人，民眾每捐一元，基金會也捐一元，共同響應公益活動。根據上述內容判斷，關於該基金會的敘述，下列何者最適當？

(A) 屬於地方自治組織的一種

(B) 成立依據為《集會遊行法》

(C) 推動該活動可落實社會責任

(D) 該組織的性質屬於職業團體

33. 圖（十一）為我國某地區在一段期間內發生的各類訴訟案件統計結果。根據圖中資料判斷，下列哪一項推論最合理？

    (A) 提起公訴的案件可能為 45 件
    (B) 提起公訴的案件可能為 50 件
    (C) 可以調解的案件可能為 126 件
    (D) 可以調解的案件可能為 162 件

各類訴訟案件統計結果
1. 民事案件 145 件
2. 刑事案件 42 件
3. 行政案件 8 件

    圖（十一）

34. 表（九）為某一海港歷年四季的風向頻率統計。若僅考慮盛行風向，該港口最可能位於下列哪個地區？

    表（九）

風向季節	I (%)	II (%)	III (%)	IV (%)	靜風 (%)
春	46.7	13.8	15.7	21.8	1.9
夏	19.1	20.0	33.0	26.1	1.8
秋	63.3	6.0	8.7	21.0	1.0
冬	72.1	6.7	5.5	14.8	0.9

    風向分類

    (A) 英國西部
    (B) 臺灣北部
    (C) 中國東北部
    (D) 義大利南部

35. 都市發展與交通息息相關，大都市常位在各種交通方式交會的樞紐上。小明整理中國大連、北京、上海、重慶的交通方式，將其歸納成表（十）的四種類型。下列對於上述四個都市與右表的對應，何者正確？

    表（十）

    (A) 北京為甲類
    (B) 重慶為乙類
    (C) 上海為丙類
    (D) 大連為丁類

類型	交通方式
甲	鐵路－公路樞紐
乙	海運－鐵路－公路樞紐
丙	河運－鐵路－公路樞紐
丁	河運－海運－鐵路－公路樞紐

36. 圖（十二）是某地各季的國際遊客比例。已知當地乾季的國際遊客比例最高，該地最可能位於下列何處？

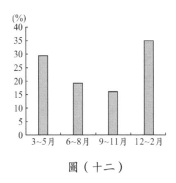

圖（十二）

(A) 澳洲西南部地區
(B) 阿根廷 彭巴草原
(C) 法國 地中海沿岸
(D) 美國西北部沿岸

37. 2003 年起，中國在六大地區中的某地區實施多項振興經濟的措施，例如：

　　(1) 更新工廠老舊設施或進行工業升級。

　　(2) 加強與俄羅斯、北韓邊界地區的經貿合作。

　　(3) 進行礦業、林業等資源型都市的轉型。

下列何者最可能也是該地區進行的計畫之一？

(A) 改善農地排水問題，增加糧食生產
(B) 規畫南水北調工程，穩定水源供給
(C) 增設經濟特區，加強和中亞的貿易
(D) 興建三峽大壩，改善工業缺電問題

38. 「此一朝代版圖遼闊，境內民族複雜，蒙古、女真、契丹、高麗、漢族等族雜居；加上先前的軍事行動，曾經遠達西亞、歐洲，帶回突厥、波斯、斡羅思（俄羅斯）及東歐各族人士。上述情況使得此朝代族群繁多，遠遠超過其他時期，在中國史上可謂獨一無二。」此一朝代最可能是下列何者？

(A) 漢朝
(B) 唐朝
(C) 元朝
(D) 清朝

39. 圖（十三）為 2005 年某博物館的
宣傳海報，下列何者最可能是圖
中所指「偉大的海上探險」所帶
來的影響之一？

(A) 引發探險風氣，延續<u>歐洲</u>海外
拓殖熱潮

(B) 貿易管道暢通，<u>中國</u>白銀大量
流入<u>歐洲</u>

(C) <u>中國</u>聲威遠播，奠定<u>華</u>人移居
<u>東南亞</u>基礎

(D) 肅清倭寇的勢力，東南沿海因
此得以安定

圖（十三）

40. 動畫公司設計一部名為「百步蛇與太陽旗的戰爭」的短片，若
影片內容須合乎歷史發展脈絡，則圖（十四）中「丙場景」應
為下列何者？

圖（十四）

(A) <u>淡水</u>、<u>基隆</u>為主要戰場，兩軍死傷無數

(B) 原住民在<u>南投</u>山區抗<u>日</u>，<u>日</u>軍傷亡慘重

(C) 朝廷任命<u>沈葆楨</u>為欽差大臣，來<u>臺</u>加強防務

(D) <u>清</u>廷派軍參戰，因戰事失利，被迫割讓<u>臺灣</u>

41. 圖（十五）描繪某一重要史事演變及擴展的過程，根據年代與
　　分布範圍的改變判斷，此圖片
　　的主題最可能是下列何者？

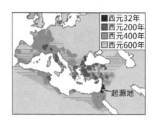

圖（十五）

(A) 基督教的傳播
(B) 日耳曼民族的遷徙
(C) 伊斯蘭文化的發展
(D) 亞歷山大帝國的擴張

42. 老師在課堂上讓同學進行角色扮演，透過相互對話的方式，了
　　解我國中央政府的職權運作與互動關係。根據表（十一）的內
　　容判斷，下列關於甲、乙職權的敘述何者正確？

表（十一）

同學	角色	對話內容
小哲	甲	我決定提名阿誠爲大法官。
大熊	乙	我認爲阿誠不適任，所以我不同意這個人事任命案。

(A) 甲可對乙提出覆議　　　　(B) 乙可對甲提出質詢
(C) 甲可解釋法律命令　　　　(D) 乙可提出不信任案

43. 圖（十六）是根據市場調查結果所繪製出的需求曲線圖，某公
　　司打算藉此結果爲甲、乙二種不同產品訂價。若此公司隨時備
　　有足夠產品可供應市場所需，則依圖中內容判斷，該公司採用
　　下列何種價格組合的銷貨收入最高？

(A) 甲、乙產品皆爲 15 元
(B) 甲、乙產品皆爲 20 元
(C) 甲產品 15 元，乙產品 20 元
(D) 甲產品 20 元，乙產品 15 元

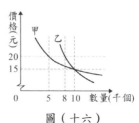

圖（十六）

44. 表（十二）爲甲、乙、丙、丁四國在最近一次國會選舉後的席次資料。若此四國的政黨制度型態相當穩定，且各國前三大黨在每次國會改選後獲得的席次總和，占總席次的比例皆超過95%，根據表中資料判斷，下列何者的政黨制度型態最可能傾向多黨制？

表（十二）

國家	國會席次資料
甲	第二大黨獲得 20% 的席次
乙	第二大黨獲得 47% 的席次
丙	第三大黨獲得 2% 的席次
丁	第三大黨獲得 31% 的席次

(A) 甲
(B) 乙
(C) 丙
(D) 丁

45. 小岩、小太與小冬三人，以同時段由其中二人工作的方式輪班生產饅頭與包子，且每人一次只負責生產一項產品，表（十三）爲他們的產能狀況。若小太與小岩搭檔生產時，小岩在生產饅頭上具有比較利益；而小太與小冬搭檔生產時，小冬在生產包子上具有比較利益，根據表中資料判斷，甲最可能爲下列何者？

表（十三）

	饅頭	包子
小岩	50	40
小太	40	甲
小冬	25	25

單位：個 / 小時

(A) 25
(B) 30
(C) 35
(D) 40

46. 右列是小美在某一份專題報告中所舉的例子。根據其內容判斷，下列何者最可能是小美報告的主題？

(A) 科技倫理
(B) 全球關連
(C) 區域統合
(D) 國際貿易

1. 流感、SARS 等疾病，透過便捷的交通運輸網在世界各地蔓延。
2. 部分國家發展工業時大量使用化石燃料，加速地球暖化。
3. 國際金融風暴與國際油價攀升，對各國經濟發展造成影響。

47. 交通部觀光局推出「臺灣好行」觀光巴
士，規畫許多觀光路線，藉此行銷臺灣
各地區的獨特魅力。圖（十七）顯示其
中一條規畫的路線，此路線的觀光特色
主要為下列何者？

圖（十七）

(A) 糖廠文化
(B) 客家文化
(C) 鹽田景觀
(D) 戰地風光

48. 老師在課堂上介紹完文化的特徵後，抽籤點了四位同學，要他
們分別對各個特徵舉例。根據表（十四）的內容判斷，下列哪
一位同學的回答內容最不適當？

表（十四）

特徵	同學	回答內容
差異性	小周	古代書寫的隸書、楷書，逐漸演變成我們今日所使用的文字。
普遍性	阿星	世界各地的人們，大多都有與家人、親戚一同慶祝團聚的習俗。
制約性	琪琪	我國修改交通法規，規定乘坐小客車後座的乘客應繫上安全帶。
累積性	小貞	從腳踏車至汽、機車，人們發明更舒適的交通工具往來各地。

(A) 小周　　　(B) 阿星　　　(C) 琪琪　　　(D) 小貞

49. 圖（十八）為 1991 至 2010 年臺灣成衣出口產值的變化情形，
造成該變化趨勢的主要原因為何？

(A) 加入<u>世界貿易組織</u>

(B) 國內生產成本提高

(C) 國外市場規模擴大

(D) 產品附加價值提升

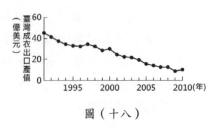

圖（十八）

50. 政府透過許多管道推動社會福利相關政策，例如：以公益彩券回饋金，協助經濟弱勢民眾繳納部分健保相關費用；放寬低收入戶審查門檻，協助經濟弱勢家庭獲得社會救助等。上述政府的二項作法，最主要是為了達成下列何項目的？

(A) 確保民眾財產權利　　　(B) 縮短城鄉發展差距

(C) 保障人民生存權利　　　(D) 推廣志工服務活動

51. 表（十五）呈現歷史上某變革的內容，│ ? │中最適合填入下列何者？

(A) 封建莊園經濟的強化

(B) 科學革命思想的萌芽

(C) 君權神授觀念的鞏固

(D) 社會主義學說的興起

表（十五）

52. 在某本以近現代<u>中國</u>為背景的小說中寫到：「最近，國家開始實施新政策，由政府指定<u>中央</u>、<u>交通</u>、<u>中國</u>這幾家銀行發行法幣。我想，此政策若真能好好實行，改善過去幣制混亂的情況，買賣交易就比較好做了。」這段話所呈現的最可能是<u>中國</u>處於下列何種局勢下的情況？

(A) <u>戊戌變法</u>期間，朝廷推動經濟改革

(B) 八國聯軍結束，朝廷陸續推行新政

(C) 北伐統一完成，政府致力建設發展

(D) 八年抗戰後期，政府籌措資金抗日

53. 表（十六）為中國全國與上海的常住人口年齡結構，顯示上海的常住人口年齡結構變化趨勢與全國不一致。上述現象與上海的何項特徵關係最密切？

表（十六）

年齡（歲）	全國		上海	
	2000 年	2010 年	2000 年	2010 年
0-14	22.9%	16.6%	12.2%	8.6%
15-64	70.1%	74.5%	76.3%	81.3%
65 以上	7.0%	8.9%	11.5%	10.1%

(A) 房產價格較高 　　(B) 就業機會較多

(C) 老人福利較佳 　　(D) 沙塵暴較嚴重

54. 以下是旅遊書對某座教堂的描述：「十六世紀上半葉，西班牙人在昔日印加帝國神廟打磨精美的石頭基座上，建造宏偉的聖多明哥教堂。」文中的教堂最可能位於現今哪一國家？

(A) 古巴 　　(B) 秘魯

(C) 巴西 　　(D) 墨西哥

55. 圖（十九）是一幅歷史照片與說明，圖說人物曾兩度被俘。依據說明，此人最可能先後被下列何者所俘？

1947年，有一位臺南人在臺灣被政府徵召，隨部隊赴中國華北參戰，戰敗被俘後編入敵軍；1950年代，他參與韓戰，再度被俘；最後以「來歸義士」身分返臺，哭倒在母親懷中。

圖（十九）

(A) 日本、美國　　　　　　　　(B) 日本、中國國民黨

(C) 中國共產黨、美國　　　　　(D) 中國共產黨、北韓

二、題組：（56～63題）

閱讀下列選文，回答第56至58題：

卡達為阿拉伯半島東側臨波斯灣的小國，由於具有豐富的天然資源，成為全球人均 GDP 名列前茅的國家。圖（二十）為 2010 年該國的出口結構，其中兩大出口品為該國的經濟支柱，但因為本國人口少，為了維持經濟持續成長，必須依賴大量外籍人士，以滿足該國的勞力需求，因而成為人口移入的地區。

圖（二十）

56. 根據該國地理位置判斷，其主要的氣候類型為下列何者？

　　(A) 熱帶雨林氣候　　　　　　(B) 熱帶沙漠氣候

　　(C) 溫帶大陸性氣候　　　　　(D) 溫帶地中海型氣候

57. 下列何國的主要出口產品與該國最為類似？

　　(A) 中國　　　　　　　　　　(B) 南韓

　　(C) 紐西蘭　　　　　　　　　(D) 俄羅斯

58. 表（十七）為 2000 至 2010 年德國、埃及、卡達、墨西哥的人口資料。根據上文描述，其中何者最可能為卡達？

表（十七）

國家＼項目	自然增加率(‰)	社會增加率(‰)	幼年人口(‰)	老年人口(‰)
甲	11.8	11.5	21.8	1.2
乙	-2.1	2.7	14.5	18.7
丙	16.3	-3.6	32.2	5.4
丁	17.8	-0.2	33.1	5.3

(A) 甲　　　　　(B) 乙　　　　　(C) 丙　　　　　(D) 丁

閱讀下列選文，回答第 59 至 60 題：

皮雷茨基的祖國在 1939 年遭德國、蘇聯攻陷，他因此參與地下反抗組織，並趁德軍搜捕罪犯時，混入隊伍，故意被送進納粹在他的祖國內成立的集中營，設法將內部消息傳遞出去，這些資料使盟國更加認識集中營的情況。1943 年，皮雷茨基從集中營逃出，繼續反抗德軍。大戰結束，他回到祖國生活，幾年後因反對當時操控自己國家的外國勢力而被處死。直到 1990 年代，皮雷茨基才得到平反，成為該國的英雄人物。

59. 文中監禁皮雷茨基的集中營，最可能位於圖（二十一）中甲、乙、丙、丁何處？

(A) 甲

(B) 乙

(C) 丙

(D) 丁

圖（二十一）

60. 上文中<u>皮雷茨基</u>獲得平反，最可能與下列何者有關？
    (A) <u>法西斯黨</u>勢力的衰微
    (B) 歐洲共產政權的瓦解
    (C) 「第三世界」的興起
    (D) 歐洲經濟共同體的建立

閱讀下列選文，回答第 61 至 63 題：

> 一部戲劇的劇情簡介如下——
> 　　主角雖出生於政治世家，卻因志趣不合而選擇到鄉下教書。但一夕間，在公職選舉中連任六屆的父親因空難過世，主角因而回到家鄉繼承父親遺志，代替父親參選。在該次選舉中，他以年輕、改革為口號，並提出補助育兒津貼、營造優質育嬰環境等社福政見而當選。後來劇中主角的心態逐漸轉變，從一個原本對政治毫無興趣的教師，慢慢發現自己心中對於政治也有熱忱，最後以完成父親理想且成為傑出的政治人物而自豪。

61. 若劇中場景發生在我國，下列何者最可能是主角父親所擔任的公職？
    (A) <u>和美鎮</u>鎮長
    (B) <u>高雄市</u>市長
    (C) <u>新竹縣</u>縣議員
    (D) <u>臺灣省</u>省諮議員

62. 劇中主角在選舉時所提出的政見，最可能是為了因應下列哪一項社會問題？
    (A) 少年犯罪嚴重
    (B) 性別比例失衡
    (C) 死亡率不斷上升
    (D) 生育率持續下降

63. 根據上述內容，下列何者最能解釋文末劇中主角的心路歷程？
    (A) 社會主義
    (B) 需求法則
    (C) 需求層次理論
    (D) 社會<u>達爾文</u>主義

📖 需求層次理論＝個人需求層次理論

105年國中教育會考社會科試題詳解

一、單題（第 1-55 題）

1. **A**

【解析】 第三級產業人口比例為北部＞東部（觀光盛行）＞
南部＞中部

	甲 （北部）	乙 （東部）	丙 （南部）	丁 （中部）
第一級產業	1	15	7	9 （平原 廣大）
第二級產業	34	23	36	40
第三級產業	65	62 （觀光 盛行）	57	51

2. **D**

【解析】 汶萊、印尼為南洋群島上伊斯蘭教比例較高的國
家；埃及、沙烏地阿拉伯、土耳其、阿拉伯聯合
大公國皆位於中東地區；印度半島上孟加拉、巴
基斯坦、馬爾地夫主要宗教信仰為伊斯蘭教，且
題幹所述『主要宗教信仰的重要節日』再加上途
中有『103 年 7 月底』、『連續假期』可知為伊斯
蘭教的齋戒月，故選 (D)。

3. **B**

【解析】 由題幹所述『一月月均溫低於 0℃的區域』可知，秦嶺淮河為中國一月均溫 0℃的分界線，故實際供煤的地區應以 (B) 淮河為其南界。

4. **C**

【解析】 土石流的三大條件為『陡峭的坡、鬆散的土石、豐富的水』，山區比平地分布更多土石流潛勢溪，故選 (C) 南投縣。

5. **A**

【解析】 附圖的嗤嗤蠅影響範圍主要分布在中部非洲，故選 (A) 剛果盆地；(B) 撒哈拉盆地、(D) 尼羅河三角洲位於北部；(C) 喀拉哈里盆地位於南部。

【補充】 嗤嗤蠅僅發生於赤道非洲，雌雄蠅均會吸血，多數種類喜在陽光高照的時刻吸血，除了吸人血外，也會吸野豬、牛、羊的血。會傳播多種錐蟲屬寄生蟲而導致錐蟲病 (非洲睡眠病)，其致死率甚高。

6. **B**

【解析】 臺灣原住民族的文化特色
蘭嶼為達悟族的主要分布地區，拼板舟與頭髮舞則為其傳統文化。
(A) 為賽夏族；(B) 為達悟族；(C) 為西拉雅族；(D) 為泰雅族

7. **B**

【解析】　日治時期的統治

從國語（日語）學校、郵便局、神社等關鍵字可判別為日治時期。

(A) 為清領時期；(B) 為日治時期；(C) 為民國 36 年二二八事件後，取代台灣省行政長官公署；

(D) 為民國 34 年二戰結束，中華民國為了接收台灣而成立

8. **A**

【解析】　中國與上古文明的比較

蘇美人發明楔形文字，埃及人發明象形文字，中國殷商時期則發明甲骨文。

(B) 題幹三者皆為多神信仰，一神信仰有希伯來人所創的猶太教，以及受其影響的基督教與伊斯蘭教；(C) 為印度文明；(D) 皆無跨歐亞兩洲

9. **B**

【解析】　鄭氏時期的統治

鄭成功曾以金門、廈門（盤據東南）作為反清復明基地，後在何斌建議下進攻臺灣、驅逐荷蘭人（紅毛），為漢人文化移入臺灣之始，後有其子鄭經治臺；其孫鄭克塽時期，清朝派鄭氏降將施琅攻臺，結束 21 年鄭氏政權。

10. **A**

【解析】 秦始皇的事蹟

西元前221年（秦王 政26年），嬴政兼併六國、統一天下，自認「德兼三皇、功過五帝」，始有「皇帝」稱號，並統一文字、貨幣、車軌、度量衡等文物。

11. **A**

【解析】 清末的戰爭與條約

乾隆年間，中國僅開放廣州一口通商；道光年間，鴉片戰爭戰敗，被迫簽訂南京條約，開放五口通商（上海、寧波、福州、廈門、廣州）；咸豐年間，第一次英法聯軍戰敗，簽訂天津條約，外人可至內地遊歷、傳教。

12. **D**

【解析】 刑事案件原則

題幹中的主角僅被檢察官約談，就被他人視為犯罪者，表示社會大眾缺乏對於「無罪推定原則」的認知（即題幹敘述之「未經法官判決有罪確定前，應視為無罪」）。

13. **B**

【解析】 由領海基線向外200海浬以外的範圍屬於公海，任何國家皆有漁業捕撈及其他資源的開採與探勘的權利，附圖中僅有 (B) 乙在 X、Y 國所劃分的200海浬以外的公海區域。

14. **B**

【解析】　機會成本

機會成本爲捨棄選項中，代價最高者；選擇乙或丙的最高代價皆爲甲，表示甲爲三者中薪資最高，而選擇甲的最高代價爲丙，表示丙的薪資僅次於甲，故由高到低依序應爲甲＞丙＞乙。

15. **C**

【解析】　權利救濟

人民的權益若因政府單位之行政處分（如罰鍰）受到侵害，可先向其管轄機關提出訴願，若不服可再提起行政訴訟（三級二審）。

16. **B**

【解析】　地方政府的經濟功能

題幹中之問題，可由地方政府以徵收土地、拓寬道路、興建橋梁、停車場等措施解決。

(A) 並非地方政府職權、亦無法解決問題；(C) 可能讓問題更嚴重；(D) 媒體有採訪自由權，且題幹中媒體的行爲並無不法之處，故無法加以規範

17. **D**

【解析】　貨幣與經濟

我國僅中央銀行可印製鈔票，故從「控制貨幣數量」可得知答案。

18. **D**

【解析】 題幹所述泰國、印尼、越南和馬來西亞等國皆位於東南亞，屬於高溫多雨的熱帶濕潤氣候區，故選 (D) 橡膠（熱帶栽培業作物）；(A) 小麥屬於耐旱作物多種植於緯度較高的地區，例如：溫帶大陸性氣候黑土區（澳洲、美國與加拿大的平原等）；(B) 棉花屬於耐旱作物；(C) 橄欖屬於地中海型作物多種植於溫帶地中海型氣候區

19. **A**

【解析】 由附表『山上冰河逐漸消退（融冰）、溫帶地區出現熱帶地區的常見疾病』可知此環境問題為全球暖化，熱帶地區範圍擴大、溫帶地區範圍往高緯度移動、寒帶地區範圍縮小，故選 (A) 暖化後的陸上融冰造成海平面上升而淹沒低窪地區。

(B) 融冰可能使得鹽度下降；(C) 地層下陷常見原因為超抽地下水使得土壤失去支撐力；(D) 高緯區可耕地面積應增加

20. **C**

【解析】 臺灣位於 40°N 以南的區域，受到黑潮（由赤道往中緯度流）的影響，臺灣東海岸的漂流木應往北方的 (C) 日本琉球群島移動。

(A) 中國 海南島位於臺灣西南方；(B) 印尼 爪哇島、(D) 菲律賓 呂宋島皆位於臺灣南方，故不選。

21. **C**

【解析】 由附表中的人口密度在 1000 公尺以上反而較稠密，可知此地區應分布在熱帶，熱帶國家因為低海拔地區氣候炎熱，人口多分布於海拔較高的涼爽地區，故選 (C) 23.5°N～23.5°S。(中南美洲有許多高地都市)

22. **D**

【解析】 由題幹『臺灣某地過去在冬春時，會架起簡易的竹橋以利通行，夏秋時則因竹橋會遭沖毀遂改以渡船代之。』可知此地區洪枯變化大，符合荒溪型河川的特性。臺灣北部地區全年有雨，河川流量穩定 (淡水河甚至部分河段可航行)；臺灣南部地區夏雨冬乾，洪枯變化大需建水利設施儲存用水。

23. **B**

【解析】 北回歸線 23.5°N 通過嘉義，且題幹所給的緯度座標為 24.16°N，故比嘉義緯度還要低的地區可刪除 (A) (C) (D)。

24. **D**

【解析】 北魏孝文帝的漢化政策
洛陽為東漢、曹魏、西晉等朝代之首都，漢人文化深植已久，故北魏孝文帝將首都從平城南遷至此，以便推行漢化，卻受到部分鮮卑族人反彈，起而叛亂 (六鎮之亂)。

25. **D**

【解析】 國際競爭時期

從「成立於十七世紀初」、「曾在臺灣建立殖民地」（僅荷蘭和西班牙）、「日本鎖國時期，獲准與日本貿易」（僅中國與荷蘭），可推斷為荷蘭的聯合東印度公司。

(A) 瓷器為中國的出口商品；(B) 菲律賓馬尼拉為西班牙的貿易據點；(C) 澳門為葡萄牙的貿易據點

26. **D**

【解析】 鄂圖曼土耳其帝國

鄂圖曼土耳其帝國興起於安納托力亞高原（今土耳其一帶），西元 1453 年滅東羅馬（拜占庭）帝國，逐漸掌控巴爾幹半島，邁向全盛時期；十九世紀因列強侵略、干涉巴爾幹半島國家獨立而衰弱；二十世紀參與第一次世界大戰的同盟國陣營，結果戰敗，帝國瓦解，建立土耳其共和國。

27. **A**

【解析】 清領前期的經濟貿易

清領前期臺灣被納入中國「區域分工」的貿易策略，臺灣僅能和中國往來，將稻米和蔗糖等糧食銷往中國，而與中國做生意的臺灣商人則依貿易商品或地區，分別組成類似今日同業公會的「郊」，或稱「行郊」、「郊商」。

(B) 爲清領後期開港通商，外國人在臺開設之商
行；(C) 爲唐宋時期開始，在廣州等港口設置之
海關單位；(D) 爲清末自強運動時期，掌管外交
事務、負責統籌改革的單位，後改爲外務部

28. **D**

【解析】 日治時期的基礎建設

清領時期的鐵路僅完成基隆至新竹路段，日治初
期開始興建連接基隆至高雄（打狗）的西部縱貫
鐵路，並於西元 1908 年完工，臺灣西半部原本因
東西向河川阻隔，需經由沿岸海運南北來往的交
通方式，才被鐵路取代。

29. **C**

【解析】 憲法保障的基本人權

自由權包含人身自由、居住遷徙自由、表現自由
（言論出版等）、集會結社自由、宗教信仰自由、
秘密通訊自由等，選項 (C) 屬表現自由。
(A) 爲參政權（應考試、服公職）；(B) 爲受益權
（保障工作權）；(D) 爲平等權（性別平等）

30. **D**

【解析】 訴訟法庭上的各身分職權

檢察官可代表國家實施偵查、追訴犯罪，但最後
做出判決者爲法官。

31. **C**

【解析】 需求法則

需求法則的定義為價格上漲（下跌），影響需求量
減少（增加）；丙的「免費搭回程」即有藉由降低
價格，以吸引消費者購買（需求量增加）之意。

32. **C**

【解析】 社會團體

社會責任意指企業在追求利益之餘，對社會有所
回饋的行為，題幹中基金會的行為屬之。

(A) 地方自治組織意指地方政府，非民間團體；

(B) 依《人民團體法》向行政院內政部申請；

(D) 屬社會團體

33. **D**

【解析】 權利救濟

可由檢察官提起公訴的案件僅限刑事案件（小於
42 件）；所有民事案件（145 件）皆可以調解，刑
事僅告訴乃論案件可以調解（小於或等於 42 件），
表示可以調解的案件數應在 145～187 件之間，僅
(D) 符合。

34. **B**

【解析】 由附圖可知冬季盛行東北風（72.1%），故選 (B)
臺灣北部（冬季迎東北季風）。

(A) 英國西部處於西風帶；(C) 中國東北部為溫帶
季風氣候，夏季吹東南季風、冬季吹西北季風；
(D) 義大利南部為溫帶地中海型氣候區，夏乾（副
熱帶高壓帶壟罩）冬雨（西風帶移入）皆與附圖
資訊不合，故不選。

35. **A**

　【解析】　(A) 北京為鐵路—公路樞紐；(B) 重慶為鐵路—公
路樞紐，不靠海的城市非海運交通樞紐；(C) 上海
是長江出海口，為中國吞吐量最大的港口；(D) 大
連位於中國北方，河運並不發達

36. **A**

　【解析】　澳洲西南部地區為溫帶地中海型氣候（夏乾冬雨，
位於南半球），題幹所述『乾季的國際遊客比例最
高』只有 (A) 符合附圖所示 12-2 月最高。
(B) 阿根廷彭巴草原為溫帶草原氣候（南半球冬季
為乾季）；(C) 法國地中海沿岸為溫帶地中海型氣
候（夏乾冬雨）；(D) 美國西北部沿岸為溫帶海洋
性氣候（全年有雨）

37. **A**

　【解析】　題幹所述『更新工廠老舊設施』(東北現象)、『與
俄羅斯、北韓邊界地區的經貿合作』、『礦業、林
業等資源』可知為與俄羅斯、北韓交界的東北地
區，由於季節性凍土導致春夏融冰時部分土壤中

的水無法下滲而形成沼澤，故早期有『北大荒』
之稱，經過 (A) 改善農地排水問題將多餘的水排
除，使得糧食生產增加，今有『北大倉』之稱。

38. **C**

【解析】元朝

蒙古三次西征，最遠至義大利威尼斯，版圖橫跨
歐亞兩洲，並以種族政策統治，將人民分為四個
階級，由高至低為蒙古人、色目人（西域、西夏
等族群）、漢人（原本被金統治之女真人、契丹
人、漢人）、南人（原本被南宋統治之漢人）。

39. **C**

【解析】明朝 15 世紀初，鄭和七次下西洋（今南洋、印度
洋一帶），最遠至非洲東岸，宣揚明朝國威，奠定
華僑在東南亞基礎。

(A) 鄭和航海的年代稍早於歐洲海外拓殖（地理大
發現）；(B) 和 (D) 皆與題幹無關

40. **C**

【解析】清領後期

從「琉球」、「南臺灣（恆春半島）」、「日本出兵臺
灣」、「保民義舉」等關鍵字可判讀為牡丹社事件，
清朝任命沈葆楨為欽差大臣，來臺加強防務，於
安平（億載金城）、旗後興建砲臺，增設臺北府、

恆春縣、卑南廳等行政區，廢除渡臺禁令、劃界
封山，開發三條通往東部道路。

(A) 為中法戰爭；(B) 為霧社事件；(D) 為甲午戰爭

41. **A**

【解析】 基督教

西元 1 世紀，基督教創立於巴勒斯坦地區（圖中
起源地），開始向外傳播，初期教徒曾受到羅馬帝
國迫害，後來君士坦丁將其合法化，狄奧多西進
而將其定為國教，故其傳播範圍應與羅馬帝國版
圖一致。

42. **D**

【解析】 中央官員的產生方式

大法官的產生方式為「總統提名，經立法院同意
後任命」，故甲為總統，乙為立法院。

(A) 行政院可對立法院提出覆議；(B) 立法院可對
行政院提出質詢；(C) 大法官可解釋法律命令；
(D) 立法院可對行政院長提出不信任案

43. **C**

【解析】 銷貨收入的計算

在「隨時備有足夠產品可供應市場所需」的前提
下，需求數量即為供給數量，故針對本題的銷貨
收入，我們只需考量「價格乘以需求數量」的最
大值即可。

甲：15 元 → 15 × 10 = 150；20 元

→ 20 × 5 = 100

乙：15 元 → 15 × 10 = 150；20 元

→ 20 × 8 = 160

故選 (C) 甲 15 元、乙 20 元的價格組合。

44. **D**

【解析】 政黨政治

丁國的第三大黨獲得 31% 席次，則第二大黨的席次比例勢必超過 31%，在「前三大黨獲得的席次總和，占總席次的比例皆超過 95%」的前提下，第一大黨的席次比例勢必大於「95% − 31% − 31% = 33%」，小於「100% − 31% − 31% = 38%」，無任一黨過半的情況下，即傾向多黨制。

45. **C**

【解析】 比較利益

小岩生產 50 個饅頭的機會成本為 40 個包子

→ 生產 1 個饅頭的機會成本為 4/5 個包子

小太生產 40 個饅頭的機會成本為甲個包子

→ 生產 1 個饅頭的機會成本為甲/40 個包子

「小岩在生產饅頭上具有比較利益」表示

4/5（擴分為 32/40）小於甲/40 → 甲 > 32

小冬生產 25 個饅頭的機會成本為 25 個包子

→ 生產 1 個饅頭的機會成本為 1 個包子

「小冬在生產包子上具有比較利益」的同時表示

「小太在生產饅頭上具有比較利益」表示

甲/40 小於 1 → 甲 < 40

兩情況合併可得知 32 < 甲 < 40，故選 (C) 35。

46. **B**

【解析】 國際社會

題目中三段敘述的議題皆為「由部分地區／國家

擴及影響至全世界」，即全球化（全球關連）。

47. **B**

【解析】 臺灣客家人口分布比例較高的地區為桃竹苗丘陵

地區，與附圖相符故選 (B)。

(A) 糖廠文化的蔗糖主要分布在高溫多雨的平原區

（嘉南平原）; (C) 鹽田景觀的曬鹽業主要分布在中

南部沿海地區（夏雨冬乾）; (D) 戰地風光主要分布

地為金馬地區

48. **A**

【解析】 文化的特性

小周的敘述強調同一事物從古至今的演變，而非

兩者的相異處，故應為累積性。

49. **B**

【解析】 因為經濟起飛國內工資上揚，生產成本便提高，

使得利潤減少。

50. **C**

【解析】 憲法中的基本人權

受益權中的生存權，意指政府須保障人民能維持最低限度之生活水準，也就是經濟上的補助，與題幹中的政策內容相符，故選 (C)。

51. **D**

【解析】 工業革命

從表格內容可推斷為 18 世紀中源於英國的工業革命，工廠制度的興起，使貧富差距日益擴大，導致主張以整個社會為主體、公共利益應優於私人獲利的社會主義興起。

52. **C**

【解析】 黃金十年

軍閥混戰時期，難以推動公共建設，直至民國 17 年北伐統一，政府致力建設發展，如廢兩改元、發行法幣，興築公路、鐵路、航空建設，收回關稅自主權等，到民國 26 年中日戰爭爆發為止，這期間稱為黃金十年（十年建設）。

53. **B**

【解析】 比較中國全國與上海地區的附圖數據可知，上海地區近年來幼年人口比例逐漸下降、壯年人口比例增加，顯示勞動人口充足有利於產業發展，故選 (B) 就業機會較多。

54. **B**

【解析】 由題幹所述『西班牙人在昔日印加帝國神廟打精美的石頭基座上』可知此區為南美洲安地斯山脈上的古代印加文明。印加帝國是 11 世紀至 16 世紀時位於南美洲的古老帝國，其政治、軍事和文化中心位於今日秘魯的庫斯科，故選 (B) 祕魯。

55. **C**

【解析】 二戰後的兩岸局勢

1945 年二戰結束、臺灣光復，國共內戰隨即爆發，文中主角在臺灣被國民政府徵召赴中國參戰，故戰敗被俘而編入的「敵軍」為中共軍隊；1950 年代韓戰期間，主角隨中共「抗美援朝（北韓）」，故此次應是被支援南韓的美軍俘虜。

二、題組（第 56-63 題）

56-58 為題組

56. **B**

【解析】 由題幹所述『卡達為阿拉伯半島東側臨波斯灣的小國』可知波斯灣地區因 23.5°N 通過，副熱帶高壓帶終年壟罩，下沉氣流乾燥少雨屬於 (B) 熱帶沙漠氣候。

57. **D**

【解析】 俄羅斯原油出口量世界第二、天然氣出口量世界第一，故選 (D)。

(A) 中國出口除了原物料之外，還有高比例的代
工商品；(B) 南韓近年的電子產品出口比例逐漸
增加；(C) 紐西蘭的出口產品以第一級產業農牧
產品為主

58. **A**

【解析】　題幹所述『必須依賴大量外籍人士，以滿足該國
的勞力需求，因而成為人口移入的地區』可知此
區社會增加率較高（刪丙丁），乙國的壯年人口比
例高顯示勞力充足，不符合題幹所述故不選。

59-60 為題組

59. **B**

【解析】　第二次世界大戰
1939 年，為避免第一次世界大戰兩面受襲的情況，
德國與蘇聯簽訂《德蘇互不侵犯條約》，隨即入侵
波蘭，二戰就此爆發，蘇聯亦攻入波蘭，與德國
分區統治，故選 (B) 波蘭。

60　**B**

【解析】　冷戰時期
二戰結束後，主角回到祖國（波蘭）生活，但因
反對當時操控波蘭的外國勢力（蘇聯）而被處死，
直到 1990 年代蘇聯瓦解，冷戰結束，他才得到平
反，故選 (B)。

61-63 為題組

61. **C**

　　【解析】　選舉與民主政治

　　　　　　由「在公職選舉中連任六屆」可得知為民意代

　　　　　　表，故選 (C) 議員。

　　　　　　(A) 和 (B) 為公民直選，但連選得連任一次；

　　　　　　(D) 省諮議員由行政院長提請總統任命

62. **D**

　　【解析】　社會問題

　　　　　　由「補助育兒津貼、營造優質育嬰環境」等鼓勵

　　　　　　生育的政見，可得知問題在於 (D) 生育率下降。

63. **C**

　　【解析】　需求層次理論

　　　　　　「以完成父親理想且成為傑出的政治人物而自豪」

　　　　　　表示達到了馬斯洛需求層次理論中的「自我實現

　　　　　　層次」，故選 (C)。

105年度國中教育會考
社會科公佈答案

題 號	答 案	題 號	答 案	題 號	答 案
1	A	22	D	43	C
2	D	23	B	44	D
3	B	24	D	45	C
4	C	25	D	46	B
5	A	26	D	47	B
6	B	27	A	48	A
7	B	28	D	49	B
8	A	29	C	50	C
9	B	30	D	51	D
10	A	31	C	52	C
11	A	32	C	53	B
12	D	33	D	54	B
13	B	34	B	55	C
14	B	35	A	56	B
15	C	36	A	57	D
16	B	37	A	58	A
17	D	38	C	59	B
18	D	39	C	60	B
19	A	40	C	61	C
20	C	41	A	62	D
21	C	42	D	63	C

105 年國中教育會考自然科試題

1. 圖（一）為方糖投入水中的過程示意圖，其中乙到丙的過程與下列何種情形最類似？
   (A) 在客廳聞到廚房飄來的飯菜味
   (B) 使用吸管可吸取杯內下方的水
   (C) 二氧化碳降溫加壓可製成乾冰
   (D) 純金項鍊長久維持原來的色澤

   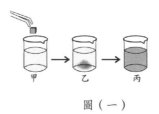

   圖（一）

2. 「住在靠馬路的房屋，屋內地板常有很多灰塵與砂粒，可能是因馬路上的車輛行駛過去產生的風將地面灰塵與砂粒吹起，透過開啟的窗戶進到房屋內，最後停留在屋內地板。」有關上述砂粒從馬路到屋內的過程中所包含的地表地質作用及其順序，下列何者最合理？
   (A) 先侵蝕後沉積
   (B) 先沉積後搬運
   (C) 先搬運後沉積
   (D) 先搬運後侵蝕

3. 西元 1970 年某果園內白蟲和黑蟲所占的數量比例相同，其後每隔 10 年再次調查，發現白蟲和黑蟲的比例差距逐漸增大，如表（一）所示。已知白蟲和黑蟲為同種昆蟲，且兩者的數量總和在各年代間皆相同，若以天擇的概念解釋此果園內白蟲和黑蟲比例的變化，下列何者最合理？

表（一）

年代	白蟲的比例（%）	黑蟲的比例（%）
1970	50	50
1980	46	54
1990	35	65
2000	23	77

(A) 黑蟲在此環境中較白蟲易存活

(B) 黑蟲比白蟲較容易被天敵捕捉

(C) 白蟲的基因大量發生突變而變成黑蟲

(D) 白蟲為了避免被天敵捕捉而變成黑蟲

4. 取溫度、材質及體積相同的甲、乙兩金屬球，將甲球漆成白色，乙球漆成黑色，再將兩球以細線並排懸吊於空中，放置在陽光下曝曬，20分鐘後測量兩者溫度，結果乙球比甲球高3℃，下列何者是此現象發生的主要原因？

(A) 白色可增加金屬球的比熱

(B) 黑色可增加金屬球的比熱

(C) 白色金屬球較易吸收輻射熱

(D) 黑色金屬球較易吸收輻射熱

5. 「起雲劑」是一種食品添加物，也是一種界面活性劑，能使原本有明顯界面、不互溶的水狀與油狀液體混合均勻而不分層。下列哪一種物質加入圖（二）的油水分層試管中，最能達到上述的效果？

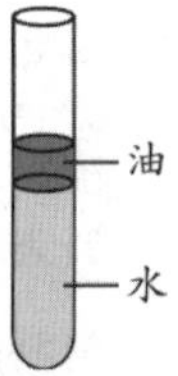

— 油

— 水

圖（二）

(A) 蒸餾水　　　　　　　(B) 肥皂水

(C) 飽和食鹽水　　　　　(D) 葡萄糖水溶液

6. 「當某一生態系達到平衡時,下列相關敘述何者最合理?
   (A) 物質不再有循環利用的現象
   (B) 引進外來種繁衍會改變原來的平衡
   (C) 群集(群落)中的每一族群出生數目等於死亡數目
   (D) 消費者所得的總能量和生產者所含的總能量相同

7. 已知某種具有葉綠體的原生生物會分解養分產生能量,推測該
   生物能否進行光合作用或呼吸作用,下列敘述何者正確?
   (A) 僅可進行光合作用　　　(B) 僅可進行呼吸作用
   (C) 此兩種作用皆可進行　　(D) 此兩種作用皆無法進行

8. 「某動物在不同環境溫度下的體溫變化,如圖(三)所示。則
   此動物維持體溫方式的相關敘述,下列何者正確?
   (A) 外溫動物,主要藉由代謝產生
   　　的熱量維持體溫
   (B) 外溫動物,主要從外界環境吸
   　　收熱量維持體溫
   (C) 內溫動物,主要藉由代謝產生
   　　的熱量維持體溫
   (D) 內溫動物,主要從外界環境吸
   　　收熱量維持體溫

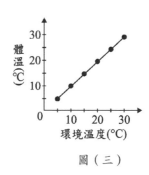

圖(三)

9. 進行屋頂防水工程時會受天候條件影響,而乾燥、高溫的大熱
   天將有助於防水工程的品質,因此不宜在條件不佳的天氣貿然
   施作。下列是臺灣北部四個不同時段的主要天氣敘述,其中何
   者最適合進行此工程?

(A) 太平洋高壓籠罩，天氣狀況穩定

(B) 大陸冷高壓影響，東北季風增強

(C) 春、夏交替之際，滯留鋒面停留

(D) 強烈冷氣團南下，寒潮（寒流）來襲

10. 某防災研究單位，將各種不同設計方式的房屋模型，放在一個能模擬地震時搖晃程度的底座上，逐步增加搖晃的大小，直到房屋模型倒塌。此實驗是用來測試各種房屋設計的耐震程度，關於上述實驗中，底座搖晃程度的強弱變化與下列何者代表的意義最接近？

(A) 震央位置　　　　　　(B) 震源深度

(C) 地震強度　　　　　　(D) 地震規模

11. 在固定壓力改變溫度的實驗中，測得純物質 X 的甲、乙、丙三種不同狀態，如圖（四）所示。甲、乙、丙分別為物質三態中的哪一種？

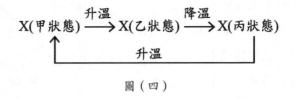

圖（四）

(A) 甲：固態，乙：液態，丙：氣態

(B) 甲：固態，乙：氣態，丙：液態

(C) 甲：液態，乙：固態，丙：氣態

(D) 甲：液態，乙：氣態，丙：固態

12. 智耀在筆直的跑道上折返跑，他從 P 點起跑，其路徑為 P→Q →P→Q→P→S，總共歷時 15 s，如圖（五）所示。下列何者可表示此次智耀折返跑的平均速率？

(A) 0.33 m/s

(B) 0.33 m/s，方向向西

(C) 3 m/s

(D) 3 m/s，方向向西

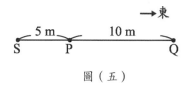

圖（五）

13. 如圖（六）所示，一個箱子的四面被標記為甲、乙、丙、丁，箱內有一株幼苗在以鐵絲固定的濕棉花上生長，且此箱子一直放置在黑暗環境中。根據此幼苗彎曲生長的方向，推測箱子在該環境中被放置時，最可能是以哪一面接觸水平地面？

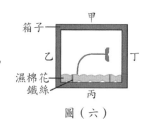

圖（六）

(A) 甲

(B) 乙

(C) 丙

(D) 丁

14. 甲、乙及丙為一臺複式顯微鏡上三種不同倍率的物鏡，其外型如圖（七）所示。小柏使用此顯微鏡觀察植物細胞，他利用乙物鏡觀察後，再轉換另一物鏡，結果視野下的細胞數目減少，有關他轉換後的物鏡及其視野範圍的變化，下列何者最合理？

(A) 甲，視野範圍放大

(B) 甲，視野範圍縮小

(C) 丙，視野範圍放大

(D) 丙，視野範圍縮小

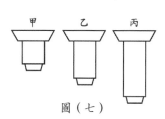

圖（七）

15. 圖（八）是某地在一年中，白晝與黑夜在一天中所占的時間關
    係圖，淺色區域表示白晝的時間
    範圍，深色區域表示黑夜的時間
    範圍，兩條黑色曲線由上至下分
    別是日出與日落時間變化。根據
    圖中資訊判斷，下列敘述何者最
    不合理？

    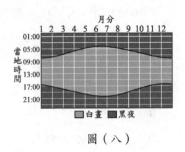
    圖（八）

    (A) 該地應該位在赤道以南的地區

    (B) 5月是晝長夜短，11月是晝短夜長

    (C) 不同月分的日出時間，最多相差約4個小時

    (D) 不同月分的白晝長度，最多相差約8個小時

16. 表（二）為小慧列出家燕及家雨燕的分類資料，她推論「家燕
    和家雨燕在分類上為不同科的生物」，依生物分類階層的概
    念，小慧最可能是根據表中的哪一項內容作出推論？

    表（二）

鳥類名稱 分類階層	家燕	家雨燕
綱	Aves	Aves
目	Passeriformes	Apodifromes
屬	*Hirundo*	*Apus*
種	*rustica*	*nipalensis*

    (A) 綱   (B) 目

    (C) 屬   (D) 種

17. 圖（九）爲向日葵植株與南瓜植株的雌蕊構造示意圖，已知向日葵的甲部位可發育成一個帶殼葵瓜子，南瓜的乙構造可發育成一個帶殼南瓜子，有關此兩種帶殼的瓜子爲果實或種子之敘述，下列何者正確？

    (A) 兩者皆爲果實

    (B) 兩者皆爲種子

    (C) 葵瓜子爲果實，南瓜子爲種子

    (D) 葵瓜子爲種子，南瓜子爲果實

向日葵雌蕊　　南瓜雌蕊

圖（九）

18. 若在某山壁上有一地層剖面，由下至上分成甲、乙、丙三層。下列在剖面上所發現的四種現象，何者較適合作爲該地層剖面仍維持「老的地層在下、年輕的地層在上」之推論依據？

    (A) 甲、乙、丙三層的地層幾乎是水平狀態

    (B) 甲、乙、丙三層的岩性分別爲砂岩、頁岩、砂岩

    (C) 甲、乙、丙三層的厚度分別爲 60 公尺、40 公尺、20 公尺

    (D) 甲、乙、丙三層可依序發現三葉蟲化石、恐龍化石、原始人骨骸

19. 月食現象主要是指下列何種狀況？

    (A) 地球遮住月球所反射出的光

    (B) 太陽遮住月球所反射出的光

    (C) 月球遮住太陽射向地球的光

    (D) 地球遮住太陽射向月球的光

20. 有甲、乙、丙和丁四杯體積均爲 100 mL 的水溶液，其中兩杯爲碳酸鈉溶液，另外兩杯爲鹽酸，25℃ 時這四杯溶液的 pH 值如圖（十）所示：

圖（十）

已知鹽酸和碳酸鈉反應會產生二氧化碳，下列哪兩杯溶液混合後，產生二氧化碳的初始速率<u>最慢</u>？

(A) 甲和丙　　　　　　　　(B) 甲和丁

(C) 乙和丙　　　　　　　　(D) 乙和丁

21. 老師要求同學設計一個有關粉筆在水中浸泡時間與粉筆斷裂難易度關係的實驗，實驗方法為先將粉筆浸泡水中一段時間，再以相同的方法量出折斷粉筆所需要的最小外力。由下列選項的實驗紀錄表，推測何者的實驗設計最符合前述的實驗目的？

(A)

實驗組別	一	二	三	四
粉筆顏色	白	白	白	白
浸泡時間(s)	20	40	60	80
粉筆長度(cm)	8	8	8	8
最小外力(kgw)				

(B)

實驗組別	一	二	三	四
粉筆顏色	白	紅	藍	黃
浸泡時間(s)	20	40	60	80
粉筆長度(cm)	5	6	7	8
最小外力(kgw)				

(C)

實驗組別	一	二	三	四
粉筆顏色	白	紅	藍	黃
浸泡時間(s)	20	20	20	20
粉筆長度(cm)	8	8	8	8
最小外力(kgw)				

(D)

實驗組別	一	二	三	四
粉筆顏色	紅	紅	紅	紅
浸泡時間(s)	40	40	40	40
粉筆長度(cm)	5	6	7	8
最小外力(kgw)				

22. 圖（十一）爲實驗室常見的二項器材，利用這二項器材可分別得知待測物的甲、乙二種性質，這二種性質在分類上分別屬於下列何者？

測得甲性質　　　測得乙性質

圖（十一）

(A) 甲、乙均爲物理性質

(B) 甲、乙均爲化學性質

(C) 甲爲物理性質、乙爲化學性質

(D) 甲爲化學性質、乙爲物理性質

23. 圖（十二）爲可樂包裝上的碳足跡標籤，標籤上的數字代表此可樂（包含瓶子）從製造、運輸、使用到回收等過程中，各階段所產生的溫室氣體，經換算後相當於總共排放出 280 g 的

圖（十二）

二氧化碳。若某運動飲料的碳足跡經換算後爲 8 莫耳的二氧化碳，則此運動飲料的碳足跡標示應爲下列何者？（碳和氧的原子量分別爲 12 與 16）

(A)   (B)   (C)   (D)

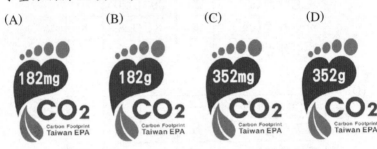

24. 現今智慧型手機可下載許多不同的 App（應用程式），其中一些可用來量測週遭聲波的音量，當音量愈大時，App 顯示的數值也愈大，則此數值的大小主要與聲波的何種性質有關？

    (A) 波長   (B) 波速   (C) 振幅   (D) 頻率

25. 阿文帶家人出國旅遊，旅途中看到土地出售的廣告傳單，內容如圖（十三）所示。若阿文今日想約時間看地，並測量滿潮時所剩的土地面積大小是否如廣告所示，參考表（三）今日該地的潮汐時間，下列何者是阿文看地的最佳時間？

圖（十三）

    (A) 08:00～10:00

    (B) 10:00～12:00

    (C) 14:00～16:00

    (D) 18:00～20:00

表（三）

第一次乾潮時間	第二次乾潮時間
08:09	20:40

📖 「公頃」爲面積的公制單位

26. 如圖（十四）所示，將兩個磁鐵置入玻璃管中，磁鐵甲與玻璃
　　管底部接觸，磁鐵乙靜止漂浮在空中，不與玻璃管、磁鐵甲接
　　觸。關於兩磁鐵的受力情形，下列何者正確？
　　(A) 兩磁鐵所受合力均為零
　　(B) 兩磁鐵所受合力均不為零
　　(C) 磁鐵甲所受合力為零，磁鐵乙所
　　　　受合力不為零，且合力方向向上
　　(D) 磁鐵乙所受合力為零，磁鐵甲所
　　　　受合力不為零，且合力方向向下

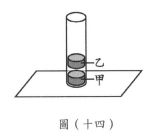

圖（十四）

27. 一個重量為 200 gw 的空保溫杯，靜置於水平桌面上時，空保
　　溫杯作用於桌面的壓力為 10 gw/cm²，若在杯內裝滿純水後，
　　裝滿水的保溫杯作用於桌面的壓力為 30 gw/cm²，則杯子的容
　　量約為多少？
　　(A) 200 mL　　(B) 300 mL　　(C) 400 mL　　(D) 600 mL

28. 在甲、乙及丙三支試管中分別裝入等量且濃度相同的溶液 X，
　　依實驗設計分別再加入等量的葡萄糖液、澱粉液或水，充分混
　　勻再靜置於適宜的溫度，待足夠的反應時間後，以碘液進行檢
　　測。將上述各試管所含的物質與碘液檢測結果整理如表（四），
　　根據此實驗結果判斷溶液 X 中最可能
　　含有下列何種成分？

表（四）

試管	所含的成分	結果
甲	溶液 X ＋ 葡萄糖液	黃褐色
乙	溶液 X ＋ 澱粉液	黃褐色
丙	溶液 X ＋ 水	黃褐色

　　(A) 澱粉
　　(B) 葡萄糖
　　(C) 分解澱粉的酵素
　　(D) 分解葡萄糖的酵素

29. 已知甲和乙二種物質反應生成丙和丁,其反應式為:

$$3 \text{甲} + \text{乙} \rightarrow 2 \text{丙} + 2 \text{丁}$$

表(五)是甲和乙反應的一組實驗數據,若改取 24 g 的甲與 24 g 的乙進行上述反應,最多可以生成多少的物質丁?

表(五)

物質	反應前質量(g)	反應後質量(g)
甲	100	4
乙	28	0
丙	0	36

(A) 16 g   (B) 22 g   (C) 33 g   (D) 88 g

30. 某鋅銅電池的裝置如圖(十五)所示,其檢流計指針由中央向左偏轉。若以相同的檢流計檢測金屬 X、金屬 Y 所組成的電池,指針由中央向右偏轉,如圖(十六)所示。關於圖(十六)電池的負極與電子流向的敘述,下列何者正確?

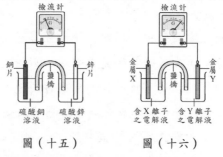

圖(十五)　　　　圖(十六)

(A) 金屬 X 為負極,電子由電池負極流出

(B) 金屬 X 為負極,電子由電池正極流出

(C) 金屬 Y 為負極,電子由電池負極流出

(D) 金屬 Y 為負極,電子由電池正極流出

31. 下列四種裝置及其處理方式中，哪一種裝置的線圈會發生電磁感應現象？

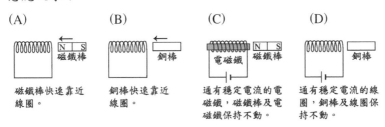

(A) 磁鐵棒快速靠近線圈。

(B) 銅棒快速靠近線圈。

(C) 通有穩定電流的電磁鐵，磁鐵棒及電磁鐵保持不動。

(D) 通有穩定電流的線圈，銅棒及線圈保持不動。

32. 圖（十七）為人體血液循環和淋巴循環的部分示意圖，甲、乙和丙為不同的管道名稱，圖中 ⟶ 代表液體的流動方向，----▶代表物質由微血管滲出。根據此圖判斷，甲、乙和丙內有無紅血球的敘述，何者最合理？

圖（十七）

(A) 僅甲、乙有

(B) 僅甲、丙有

(C) 甲、乙、丙皆有

(D) 甲、乙、丙皆沒有

33. 火柴是利用摩擦生熱的取火工具，某種火柴是以火柴頭與火柴盒側邊擦劃，同時產生熱能，再促使火柴頭成分中的氯酸鉀 $(KClO_3)$ 和硫 (S) 反應燃燒，反應式為：

$wKClO_3 + xS \rightarrow yKCl + zSO_2$

（其中 w、x、y 和 z 為反應式係數）

若 $y + z = 5$，則上述反應式中哪兩個物質的係數均為 3？

(A) 氧化劑和氯化鉀

(B) 氧化劑和二氧化硫

(C) 還原劑和氯化鉀

(D) 還原劑和二氧化硫

34. 有甲、乙、丙三個大小不同、材質相同的均勻實心正立方體，取一已歸零的天平分別進行表（六）中的三組測量，每組天平測量均達到靜止水平平衡。已知乙的邊長為 1 cm，由上述資訊判斷甲、丙的邊長分別為多少？

表（六）

組別	左端秤盤（正立方體）	右端秤盤（砝碼）
1	甲、乙	200 g×1 個、50 g×1 個、20 g×1 個、10 g×1 個
2	乙、丙	500 g×1 個、100 g×1 個、50 g×1 個
3	甲、乙、丙	500 g×1 個、200 g×1 個、20 g×1 個

(A) 甲：2 cm，丙：5 cm　　(B) 甲：3 cm，丙：4 cm
(C) 甲：8 cm，丙：125 cm　　(D) 甲：27 cm，丙：64 cm

35. 將甲、乙、丙三種不同材質的實心物體堆疊後放入密度為 1.0 g/cm^3 的水中，待靜止平衡後，乙正好有一半的體積沒入水面下，如圖（十八）所示。已知甲的質量為 50 g，乙的密度為 0.5 g/cm^3、體積為 400 cm^3，丙的體積為 250 cm^3，則丙的密度應為多少？

(A) 0.20 g/cm^3

(B) 0.70 g/cm^3

(C) 0.80 g/cm^3

(D) 1.75 g/cm^3

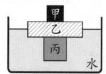

圖（十八）

36. 研究員利用工具鑽取榕樹樹幹的維管束組織，從樹皮表面上的 X 點垂直鑽入樹幹中心後，將取出的組織依其主要功能分別標示為甲、乙、丙，如表（七）所示。依表中的主要功能判斷，比較此三者與 X 點間的距離，下列何者最合理？

(A) 甲＜丙＜乙
(B) 甲＜乙＜丙
(C) 乙＜丙＜甲
(D) 乙＜甲＜丙

表（七）

取出的組織	主要功能
甲	運輸養分
乙	運輸水分
丙	細胞分裂

37. 表（八）列出氯原子 (Cl) 和氫離子 (H^+) 的質子數、中子數、電子數和質量數（未依照順序），依表中所列的數值判斷，關於代號甲、乙、丙或丁的說明下列何者正確？

表（八）

原子或離子＼代號	Cl	H^+
甲	35	1
乙	18	0
丙	17	1
丁	17	0

(A) 甲為質子數
(B) 乙為中子數
(C) 丙為電子數
(D) 丁為質量數

38. 圖（十九）是海洋研究船航行區域的板塊邊界示意圖，虛線表示某日研究船航行的路線，已知當日研究船在甲、乙、丙三地採樣並測得其海洋地殼形成的時間分別為8百萬年前、17百萬年前、40百萬年前。若此中洋脊兩側張裂的速率相同，下列有關三地與板塊邊界距離遠近的比較關係，何者最合理？

(A) 與海溝距離必為甲＞乙＞丙

(B) 與海溝距離必為甲＜乙＜丙

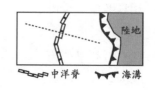

(C) 與中洋脊距離必為甲＞乙＞丙

(D) 與中洋脊距離必為甲＜乙＜丙

圖（十九）

39. 某日天氣晴朗，小閑在阿里山上正準備觀看日出，在清晨日出前，發現此時月亮正好從東方地平線升起，便立即拍照留念。下列何者最有可能是當時拍下的月亮與雲海照片？

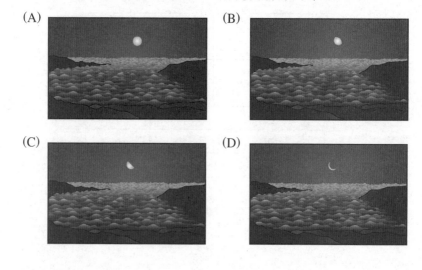

40. 甲苯是一種碳氫化合物，常溫時為無色的液體，具有特殊的氣味且難溶於水，是製造塗料、黏著劑與指甲油時常用的溶劑，長期接觸可能會對神經系統造成傷害。根據上述，甲苯應為下列哪一類有機化合物？

    (A) 酸類　　　　　　　(B) 醇類

    (C) 酯類　　　　　　　(D) 烴類

41. 已知六種元素的原子量如表（九）所示。有四包肥料分別僅含有下列選項的一種化合物，小傑想要在土壤中加入氮元素質量比例超過 40% 的肥料，哪一包肥料所含的化合物最符合小傑的需求？

    表（九）

    (A) $CO(NH_2)_2$

    (B) $(NH_4)_2SO_4$

    (C) $Ca(NO_3)_2$

    (D) NH_4NO_3

元素	原子量	元素	原子量
H	1	O	16
C	12	S	32
N	14	Ca	40

42. 甲、乙兩個金屬球的質量分別為 10 kg、5 kg，將甲、乙移至相同高度，並且同時由靜止釋放，讓它們作自由落體運動，經過 2 秒鐘，兩者均尚未落地，此瞬間甲、乙的動能分別為 $K_甲$、$K_乙$，甲、乙相對於水平地面的重力位能分別為 $U_甲$、$U_乙$，若忽略空氣阻力，則下列關係式何者正確？

    (A) $K_甲 = K_乙$，$U_甲 = U_乙$

    (B) $K_甲 > K_乙$，$U_甲 < U_乙$

    (C) $K_甲 > K_乙$，$U_甲 = U_乙$

    (D) $K_甲 > K_乙$，$U_甲 > U_乙$

43. 智新設計實驗來模擬近視眼及其矯正後的情形，其步驟如圖
（二十）所示：（此實驗設計有一個錯誤）

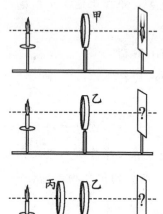

步驟1：模擬正常視力眼睛的成像情形：
以凸透鏡甲表示水晶體，屏幕
表示視網膜，調整適當位置使
其在屏幕上成像清晰。

步驟2：模擬近視眼的成像情形：在凸
透鏡甲的位置改放凹透鏡乙，
表示近視眼睛的水晶體，凹透
鏡乙與凸透鏡甲的焦距相同，
屏幕上成像模糊。

步驟3：模擬矯正近視眼：挑選適當的
凹透鏡丙，表示矯正用的近視
眼鏡，放置在凹透鏡乙與蠟燭
之間的固定位置，使其在屏幕
上成像清晰。

圖（二十）

關於修正此錯誤的方式，下列何者最適當？

(A) 將實驗中的凹透鏡乙改為焦距較甲短的凸透鏡

(B) 將實驗中的凹透鏡乙改為焦距較甲長的凸透鏡

(C) 將實驗中的凹透鏡丙改為適當焦距的凸透鏡

(D) 將步驟3中的凹透鏡丙改放置在凹透鏡乙與屏幕之間

44. 已知一隱性等位基因位於X染色體上。某對夫妻透過遺傳諮
詢得知，在沒有突變的情況下，兩人將來所生的子女中，女兒
必帶有此隱性基因，但兒子必無。根據諮詢的結果，推測此對
夫妻的家族中，下列哪兩人的X染色體一定沒有此隱性等位基
因？

(A) 夫及他的父親　　　　　　　(B) 夫及他的母親

(C) 妻及她的父親　　　　　　　(D) 妻及她的母親

45. 聖嬰現象顯著時，在東太平洋赤道附近地區，有些原本降雨很
　　少的海域，會因爲獲得較平時更多的熱量而變成降雨區。上述
　　降雨區的額外熱量之主要來源，最可能是由下列何者提供？
　　(A) 由該季節垂直入射赤道地區的陽光提供
　　(B) 自當地高於正常時溫度的海水直接提供
　　(C) 自東太平洋赤道附近深處湧升的海水提供
　　(D) 由高空下沉並往西吹的太平洋赤道東風提供

46. 如圖（二十一）所示，水平桌面上靜置一個木塊，今對木塊施
　　以向東且大小固定的水平力 F；阿春、阿偉兩人對於木塊受力
　　後可能發生的狀態及原因解釋如下：
　　阿春：若木塊向東作等加速度運動，是因爲木塊在運動過程中
　　所受的摩擦力大小逐漸變小。
　　阿偉：若木塊保持靜止不動，是因爲 F 與其反作用力的大小相
　　同、方向相反，恰好互相抵消。
　　關於兩人的描述正確與否，下列何者正確？
　　(A) 兩人皆正確
　　(B) 兩人皆不正確
　　(C) 阿春正確，阿偉不正確
　　(D) 阿春不正確，阿偉正確

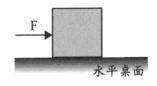

圖（二十一）

請閱讀下列敘述後,回答47~48題

　　「無根萍」是原產於<u>臺灣</u>的浮水植物,個體極小,且無根、莖、葉之分,僅有類似葉的構造浮於水面。此外,植株內具有雄蕊及雌蕊,可開花結果繁殖後代,不過無根萍主要繁殖子代的方式,是利用植株一端所長出的小芽。當小芽成熟後,會離開母體而沉入水底,幾天之後再浮出水面長成新的個體。

47. 根據本文推論,無根萍是屬於下列哪一類植物?

    (A) 蘚苔植物　　(B) 蕨類植物　　(C) 裸子植物　　(D) 被子植物

48. 有關無根萍的生殖構造或繁殖方式,下列敘述何者最合理?

    (A) 不會產生胚珠　　　　　　　(B) 不會產生生殖細胞

    (C) 主要的繁殖方式不會增加遺傳的變異

    (D) 主要的繁殖方式須經減數分裂的過程

請閱讀下列敘述後,回答49~50題

　　<u>小青</u>將包裝口香糖的鋁箔紙剪成如圖(二十二)中所示的形狀,圖中甲、丙兩處截面面積相等,中央乙處截面面積較甲、丙處小。接著她取一個電壓為 9 V 的電池,並使裁剪過的鋁箔紙呈拱形彎曲,讓兩端斜線處分別接觸電池的正極、負極,接觸後鋁箔紙溫度上升,隨即在乙處起火燃燒。

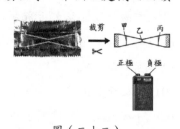

圖(二十二)

49. 本實驗中鋁箔紙起火燃燒,最適合以下列何種科學現象來解釋?

    (A) 靜電感應　　　　　　　　　(B) 電磁感應

    (C) 電流的磁效應　　　　　　　(D) 電流的熱效應

50. 已知通過鋁箔紙甲、乙、丙三處截面的電流分別為 $I_甲$、$I_乙$、$I_丙$，則 $I_甲$、$I_乙$、$I_丙$ 三者的大小關係應為下列何者？

(A) $I_甲 = I_乙 = I_丙$

(B) $I_甲 > I_乙 > I_丙$

(C) $I_甲 < I_乙 < I_丙$

(D) $I_乙 > I_甲 = I_丙$

請閱讀下列敘述後，回答 51～52 題：

圖（二十三）為某日東亞地區的地面天氣圖，黑色實線為等壓線，甲、乙為兩個天氣系統的中心。

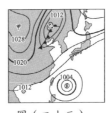

圖（二十三）

51. 關於圖（二十三）上方甲、乙兩天氣系統的特性，下列敘述何者正確？

(A) 甲、乙皆為下沉氣流的天氣系統

(B) 甲、乙皆為上升氣流的天氣系統

(C) 甲為下沉氣流、乙為上升氣流的天氣系統

(D) 甲為上升氣流、乙為下沉氣流的天氣系統

52. 若不考慮地形影響，由圖（二十三）判斷，關於此時臺灣地區的主要風向與鄰近的天氣系統，下列敘述何者最合理？

(A) 風向大致為南風，附近有一颱風靠近

(B) 風向大致為北風，附近有一颱風靠近

(C) 風向大致為南風，受太平洋上的暖氣團籠罩

(D) 風向大致為北風，受太平洋上的暖氣團籠罩

請閱讀下列敘述後，回答 53～54 題

圖（二十四）為小萍進行溶液配製的步驟示意圖，已知步驟一的兩個燒杯內，其中一杯裝有密度為 1.8 g/cm³、重量百分濃度為 98% 的硫酸 100 mL，另一杯裝有蒸餾水。開始進行溶液配製前，兩杯內液體的溫度均為 25℃。

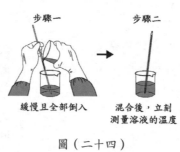

圖（二十四）

53. 若要符合實驗安全與合理的實驗結果，步驟一手持燒杯中裝有的液體種類，以及步驟二測量到的溫度計數值，下列何者合理？

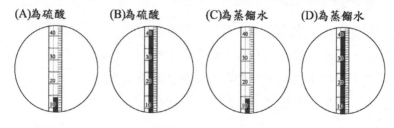

(A)為硫酸　　(B)為硫酸　　(C)為蒸餾水　　(D)為蒸餾水

54. 若最後小萍配製出的溶液體積恰為 200 mL，則此溶液的容積（體積）莫耳濃度為下列何者？（H_2SO_4 的分子量為 98）

(A) 0.36 M 　　　　　　　　(B) 1.80 M

(C) 2.78 M 　　　　　　　　(D) 9.00 M

105年國中教育會考自然科試題詳解

1. **A**

   【解析】 乙到丙的過程是溶質溶解後擴散的現象，所以為擴散作用。

2. **C**

   【解析】 風將灰塵、砂粒吹起，從馬路進到屋內是搬運；停留在屋內地板是為沉積。

3. **A**

   【解析】 黑蟲比例逐年增加，可得知黑蟲在此環境中較易生存。

4. **D**

   【解析】 甲乙兩金屬球材質相同，故密度相同，兩者體積相同，故兩球的質量和初溫相同，乙球溫度較甲球高的原因應是黑色較易吸收輻射熱，白色較易反射輻射熱。

5. **B**

   【解析】 油水不互溶，肥皂水加入後分層消失，可以達到題幹起雲劑的效果。

6. **B**

【解析】 (A) 物質有循環利用的現象；(C) 群集中的每一族
群的出生數目加遷入數目等於死亡數目加遷出數
目；(D) 根據能量塔，生產者所含的總能量一定大
於消費者所得的總能量。

7. **C**

【解析】 有葉綠體的生物可行光合作用，呼吸作用爲所有
生物皆會進行。

8. **B**

【解析】 如圖所示，該生物體溫會隨外界而改變，可知是
外溫動物，其體溫由外界環境所提供。

9. **A**

【解析】 高氣壓，水氣少，天氣好，中心氣壓高。

10. **C**

【解析】 地震強度的定義：地震時感受到震動的劇烈程
度，或物體所遭受的破壞程度。房屋模型底座搖
晃的強弱程度和地震強度代表意義類似。

11. **D**

【解析】 甲到乙要升溫才能達成，選項中 (A) (B) (D) 符合，
因爲是吸熱的過程，丙到甲需升高溫度這樣只有
(D) 選項符合。

12. **C**
　　【解析】速率無方向性，此人的路程 45 m，共費 15 s 的時間，平均速率＝45／15＝3 m／s。

13. **B**
　　【解析】暗室不用考慮光的影響，只需考慮引力的影響。而莖具有背地性，會往垂直上方生長，可知此圖的地面應該是乙。

14. **D**
　　【解析】物鏡愈長放大倍率愈大。當物鏡由乙更換至其他物鏡後，細胞數目變少，即放大倍率增加。可知物鏡更換至丙，且視野範圍會縮小。

15. **A**
　　【解析】由圖可知，某地一年當中白晝最長的時間是在六、七月間，且晝長夜短，因此時太陽直射赤道以北，故某地應位於赤道以北。

16. **B**
　　【解析】根據分類階層高至低排列為：界門綱目科屬種。如表，家燕和家雨燕同綱，不同目；不同目必不同科，可推論「家燕和家雨燕在分類上為不同科的生物」。

17. **C**

【解析】 植物受精後，子房（甲）會發育成果實，胚珠（乙）會發育成種子，因此，帶殼葵瓜子（甲）是果實，而帶殼南瓜子（乙）是種子。

18. **D**

【解析】 三葉蟲為古生代的代表化石，恐龍為中生代的代表化石，原始人為新生代的生物。

19. **D**

【解析】 月食是地球在日、月之間，且月球運行到地球的本影區造成的現象。

20. **C**

【解析】 從圖十中可知甲乙應為鹽酸，丙丁應為碳酸鈉水溶液；反應速率和濃度大小有關。

21. **A**

【解析】 從題幹中的敘述知，浸泡時間為操縱變因，其他為控制變因。

22. **A**

【解析】 天平為測量質量的裝置，量筒為測量待測物體積的裝置，皆為物理性質。

23. **D**

【解析】　8 莫耳的二氧化碳等於 $8 \times 44 = 352$ g。

24. **C**

【解析】　聲音的大小和振幅有關。

25. **C**

【解析】　潮汐週期約為 12 小時 25 分，滿潮時間為第一次乾潮之後 6 小時 15 分。

26. **A**

【解析】　甲磁鐵受到一向下的重力和乙磁鐵給甲的排斥力，且和玻璃管底部接觸，所玻璃管底部給予甲一向上的支撐力，所以合力為 0；乙磁鐵靜止漂浮在空中，因乙也是靜止狀態故合力亦為 0。

27. **C**

【解析】　$F = PA$，$10 = 200 / A$，$A = 20$ cm³，裝滿水後保溫杯作用在桌面的壓力為 30 gw／cm²，$F = 30 \times 20 = 600$ gw，水重 $= 600 - 200 = 400$ gw，即杯子的容量為 400 mL。

28. **C**

【解析】　碘液（黃褐色）遇到澱粉會呈現藍黑色。由丙試管可知溶液 X 非澱粉；由乙試管可知澱粉會因溶液 X 而消失，故溶液 X 是分解澱粉的酵素。

29. **B**

【解析】 從表中可知甲反應掉 96 克，乙反應掉 28 克產生
丙 36 克，因質量守恆，故知丁為 88 克；由方程
式可知甲分子量為 96／3＝32，乙分子量為 28／1
＝28，丙分子量為 36／2＝18，丁分子量為 88／2
＝44；因為係數比等於莫耳數比；取 24 g 的甲和
乙反應可知甲完全用完會產生 0.5 莫耳的丁，故丁
的質量為 0.5×44＝22 g。

30. **A**

【解析】 由上圖（一）可知檢流計方向即電子流方向，故
圖（二）的檢流計方向向右表示電流是由右向左
流動，所以 X 為負極 Y 為正極，正極為電流方向
負極為電子流的方向。

31. **A**

【解析】 (C) (D) 選項為電流磁效應，(A) (B) 選項中兩者
有相對運動，但 (B) 為銅棒所以也無電磁感應的
現象。

32. **B**

【解析】 甲為靜脈；乙為淋巴管，為血漿由微血管滲出流
入組織間；丙則為動脈，因此具有紅血球的管道
為甲、丙。

33. **D**

　　【解析】　反應式的係數分別為 2、3、2、3。

34. **B**

　　【解析】　由表可知甲＋乙＝280，乙＋丙＝650，甲＋乙＋
　　　　　　　丙＝920，所以甲＝270 gw，丙＝640 gw；又三者
　　　　　　　為密度相同的正立方體，故答案為 (B)。

35. **C**

　　【解析】　甲乙丙呈靜止平衡，分析丙所受之力：丙重量
　　　　　　　（250×d）＋50（甲重）＋200（乙重）＝200
　　　　　　　（乙浮力）＋丙浮力（250），d＝0.8 gw／cm^3。

36. **A**

　　【解析】　甲為運送養分的韌皮部，在最外層，離 X 最近，
　　　　　　　距離最短；丙為形成層，位在中間；乙為運送水
　　　　　　　分的木質部，在最內層，離 X 最遠。

37. **B**

　　【解析】　從表中可知甲為質量數，乙為中子數，丙為質子
　　　　　　　數，丁為電子數。

38. **D**

　　【解析】　新的海洋地殼在中洋脊生成，往兩側推擠擴張，
　　　　　　　所以愈遠離中洋脊，洋底岩石愈古老。

39 **D**

【解析】 (A) 滿月的月升時間爲黃昏日落後；

(B) 虧凸月介於滿月與下弦月之間，月升時間爲入夜後；

(C) 下弦月的月升時間爲子夜；

(D) 殘月介於下弦月至新月之間，月升時間爲清晨日出前。

40. **D**

【解析】 酸類、醇類和酯類的組成都有氧，甲苯爲烴類。

41. **A**

【解析】 (A) 28／60；(B) 28／132；(C) 28／164；

(D) 28／80。

42. **D**

【解析】 兩金屬球在相同高度做自由落體，2秒後速度相同，距地高度亦相同，因爲甲質量比乙大，故動位能均爲甲大於乙。

43. **A**

【解析】 近視眼的焦距和一般正常眼睛的焦距不同，步驟2模擬近視眼成像設計錯誤，應將實驗中的凹透鏡已換成焦距較甲短的凸透鏡。

44. **C**

【解析】兒子的 Y 染色體必是父親提供，X 染色體必是母
親提供，兒子正常，故母親必帶一個正常的 X；
如題，女兒必帶有一個隱性 X，而母親可能給女
兒正常 X，因此隱性 X 必由父親提供。可知，沒
有隱性 X 的必為妻，妻正常，推知能提供正常 X
給她的父親，必沒有隱性 X。

45. **B**

【解析】(A) 該季節太陽並不是垂直入射赤道；(B) 聖嬰現
象發生時，東太平洋海水溫度升高，可提供熱量；
(C) (D) 均為正常年現象。

46. **B**

【解析】木塊作等加速度運動，此時木塊受到的摩擦力為
動摩擦力，大小為定值；阿春說法有誤；作用力
和反作用力大小相等但不能抵消，阿偉說法有
誤；兩人說法皆不正確。

47-48 為題組

47. **D**

【解析】如文章所述，此植物會開花，屬於被子植物。

48. **C**

【解析】如文章所述，此植物主要的生殖方式是無性生
殖，不會增加遺傳的變異。

49-50 為題組

49. **D**

【解析】　鋁箔起火燃燒為電流的熱效應。

50. **A**

【解析】　因為電池和鋁箔紙形成一通路，所以流經甲乙丙三者的電流大小相等。

51-52 為題組

51. **C**

【解析】　甲為高氣壓中心，是下沉氣流；乙為低氣壓中心，是上升氣流。

52. **B**

【解析】　颱風為低氣壓，在北半球是逆時鐘方向旋轉。

53-54 為題組

53. **B**

【解析】　濃硫酸稀釋時應緩慢加入水中，故圖一手持的液體應為硫酸，稀釋的過程溫度會上升。

54. **D**

【解析】　莫耳濃度＝（$100 \times 1.8 \times 0.98/98$）$\div 0.2 = 9$ M。

105 年度國中教育會考
自然科公佈答案

題　號	答　案	題　號	答　案	題　號	答　案
1	A	19	D	37	B
2	C	20	C	38	D
3	A	21	A	39	D
4	D	22	A	40	D
5	B	23	D	41	A
6	B	24	C	42	D
7	C	25	C	43	A
8	B	26	A	44	C
9	A	27	C	45	B
10	C	28	C	46	B
11	D	29	B	47	D
12	C	30	A	48	C
13	B	31	A	49	D
14	D	32	B	50	A
15	A	33	D	51	C
16	B	34	B	52	B
17	C	35	C	53	B
18	D	36	A	54	D

105年國中教育會考國文科試題

一、單題：(1~35題)

1. 「考期將至，望著桌上堆積如山的書本，我的心在瞬間彷彿變成了鉛塊。當下只有悔恨，悔恨自己未能善加運用時間。」作者在句中以「鉛塊」來比喻他當下的哪一種心情？
   (A) 煩躁　　　(B) 堅定　　　(C) 麻木　　　(D) 沉重

2. 「荷馬史詩是永遠的傑作，但不能永遠以它為範本。」這句話的意旨與下列何者最接近？
   (A) 敏銳的鑑賞力是創作優良作品的前提
   (B) 創作必須求新求進，不能一味地模仿
   (C) 再偉大的作品，價值也會隨時間而減損
   (D) 作家過度被崇拜時，往往難以自我超越

3.

關於這段詩句的解說，下列敘述何者正確？
   (A) 本詩主旨在於藉由鳥類不同的生活型態，比喻人生窮通禍福的境遇

(B) 詩中運用人性化筆法，藉鳥之口控訴人類的貪婪與對待禽鳥的惡行

(C) 詩中的「我」以無私的心態來對待眾鳥，不願以鳥籠圈限鳥的自由

(D) 詩中的「你」獨愛畫眉鳥，遂於鳥店購得一隻，終日描繪牠的形貌

4. 「我們不是讓自己活得悲慘，就是讓自己活得堅強。兩者所花的力量是一樣的。」

「命運與機會無關，而是與選擇有關。它不是等著發生的東西，而是等著努力達成的東西。」

這兩句話共同傳達出的涵義，與下列何者最接近？

(A) 人生方向可由自己掌握　　(B) 以堅強的態度接受失敗

(C) 快樂與痛苦是一體兩面　　(D) 機會是可遇而不可求的

5. 下列選項「」中的文字，何組讀音相同？

(A) 為減輕生產痛苦，有些產婦選擇無痛分「娩」／救援投手獨撐全局，力「挽」狂瀾

(B) 你別「呶」呶不休，讓我耳根不得清淨／雙方意見不合，僵持不下，劍拔「弩」張

(C) 坊間「贗」品幾可亂真，小心上當／我們要服「膺」師長的教導，切不可一意孤行

(D) 瞧他「躊」躇滿志的模樣，真令人反感／開放農產品進口，是我方的談判「籌」碼

6. 「我的作文功力和<u>明華</u>差不多，可以說是□□□□；<u>思恩</u>的表現更好，我只能勉強□□□□；而<u>蔚然</u>是作文的常勝軍，和她比的話我就□□□□了！」這段文字的空格處，依序應填上哪一組成語？

(A) 不分軒輊／望塵莫及／望其項背

(B) 不分軒輊／望其項背／望塵莫及

(C) 望其項背／望塵莫及／不分軒輊

(D) 望其項背／不分軒輊／望塵莫及

7. 下列四句話的文字與標點符號稍有差異，何者含意與其他三者相差最遠？

(A) 哆啦Ａ夢說他要帶大雄去暢遊未來世界。

(B) 哆啦Ａ夢說：「他要帶大雄去暢遊未來世界。」

(C) 哆啦Ａ夢說：「我要帶大雄去暢遊未來世界。

(D) 哆啦Ａ夢告訴大雄：「我要帶你去暢遊未來世界。」

8. 「什麼東西都有它宿命注定的物主。想想在過去三千年中，此等周代鼎彞[1]曾經有過幾百個物主？沒有一個人在這個世界裡能永久享有一樣東西。眼前，我是它們的物主。再經過一百年，誰將是它們的物主呢？」這段文字的涵義，與下列何者最接近？

(A) 天生萬物，人治萬物

(B) 時移事易，物難久持

(C) 君子當使物，不為物所使

(D) 物各有所宜，用各有所施

1. 鼎彞：古代宗廟中的祭器。
彞，音ㄧˊ

9. 「會意」為合併兩個或兩個以上獨體的「文」，將它們的意思會聚起來，用以表現出新字含義的造字法則，如「森」字，由三個「木」構成，表示樹木繁多。據此判斷，下列何者也是「會意」字？

(A) 鰻　　(B) 甘　　(C) 休　　(D) 鳥

10. 「君子如抱美玉而深藏不市，小人則以石為玉而又炫之。」
　　根據這句話，君子不同於小人的特質是下列何者？
　　(A) 臨財不苟　　　　　　　(B) 真實坦率
　　(C) 見多識廣　　　　　　　(D) 沉潛含蓄

11. 下列文句，何者語詞使用最恰當？
　　(A) 這是我自己的人生，任憑誰能決定我的未來
　　(B) 個性耿直的他，從小鳌清志向要當一名檢察官
　　(C) 這件事還是有轉圜的餘地，你何必這麼悲觀呢
　　(D) 身為部會首長，他前往國會答覆民意代表的諮商

12. 「春天多細雨無聲，不走在雨中，不會有聽覺上的干擾。夏天
　　的雨多如放聲嚎啕，傾盆而下，痛快淋漓，來得快，收得也
　　快，不像冬天雨聲無休無止的纏繞。冬雨是可憐哀怨又於事無
　　補的嘮叨，瑣碎卻不能有任何現況改善，最是煩人。」根據這
　　段文字，下列敘述何者最恰當？
　　(A) 春雨又細又輕，夏雨既急且驟
　　(B) 冬雨滂沱，聲量最響，最為惱人
　　(C) 夏天雨聲淒切，令人不由得加快行走的步伐
　　(D) 走在冬雨中，常會聽到人們哀怨瑣碎的嘮叨

13. 「當許多人把『氣候變遷』這幾個字，當成議題在世界上討論
　　的時候，它其實已經成為再悲傷不過的語言了。」這句話的涵
　　義，與下列何者最接近？
　　(A) 「氣候變遷」被廣泛討論，代表它已造成威脅
　　(B) 各國面對「氣候變遷」的議題時，應負起責任
　　(C) 眾人已由空談「氣候變遷」轉為積極研擬對策
　　(D) 討論「氣候變遷」這個議題，會使人變得悲觀

14. 下列文句「」中的詞語，何者使用最恰當？
    (A) 他發揮「全盤托出」的力量，盡力完成這項創舉
    (B) 今天聚會，敬呈拙作一本，請各位不吝「貽笑大方」
    (C) 孟母重視教育，帶著孟子「移樽就教」，搬到學校旁邊
    (D) 即使她非科班出身，但因表現優異，舞團決定「破格錄用」

15. 「人之一生，希望留名，實屬常情，但應以其道得之。出名容易成名難，因為出名只要敢拿出你最壞的一面就行，成名則要拿出最好的一面。」這段話的主旨，與下列何者最接近？
    (A) 希望留名，乃人之常情
    (B) 應以正當的方式追求名聲
    (C) 能否出名，端看個人的努力
    (D) 大眾常忽視留名者背後的付出

16. 下列文句，何者沒有冗言贅字？
    (A) 這餐館的鮮肉水餃皮薄餡多，難怪不得店裡座無虛席
    (B) 父親是那種善於隱掩藏情感的人，哀喜往往不形於色
    (C) 小孩高聲朗讀童話故事，稚嫩的童音吸引所有人的注意
    (D) 謊言是化過妝扮的魔鬼，讓人在無意間就掉進它的陷阱

17.

> 　　一群畢業二十年的小學同學聚會，他們送了一方「眾望所歸」的匾額至花輪的辦公室。九尾：「恭喜老兄，你當年的理想終於如願以償了。」花輪：「上個月小玉弄璋之喜，我未能親臨祝賀，真是過意不去。」小玉：「沒關係，小丸子下個月喬遷之喜，到時候我們可得大肆慶賀一番！」小丸子：「九尾如今廣栽桃李，享譽杏壇，也算是可喜可賀呢！」

根據這段文字，下列敘述何者最恰當？

(A) 花輪投身政壇
(B) 小玉喜獲千金
(C) 小丸子即將于歸
(D) 丸尾行醫仁心仁術

18. 下列文句，何者<u>沒有</u>語病？

(A) 朦朧中，遠方田埂上老農夫的皺紋，清晰地映入眼簾

(B) 昔日的騰達是今日的潦倒所致，能這麼想心中自然寬解

(C) 她們並肩坐在窗前，經過徹底的通宵長談，天色已然入暮

(D) 老是心存顧忌而不敢拒絕他人，將為自己帶來無謂的困擾

19. 「北風吹，吹我庭前柏樹枝。樹堅不怕風吹動，節操稜稜 ₁ 還
　　自持。冰霜歷盡心不移，況復陽和景漸宜。閒花野草尚葳蕤 ₂，
　　風吹柏枝將何為？北風吹，能幾時！」詩中事物所象徵的意
　　涵，下列說明何者最恰當？

(A) 北風 —— 心中的疑慮

(B) 柏樹 —— 國家的運勢

(C) 冰霜 —— 隱逸的心志

(D) 陽和 —— 轉好的境況

> 📖
> 1. 稜稜：威嚴耿直
> 2. 葳蕤：音ㄨㄟ ㄖㄨㄟˊ，
> 　草木茂盛的樣子

20. 「<u>曹雪芹</u>的曾祖母<u>孫氏</u>擔任<u>康熙</u>保母，<u>孫氏</u>之夫<u>曹璽</u>於<u>康熙</u>二
　　年被委任為<u>江寧</u>織造，此乃<u>清</u>廷財政重要職務，本規定三年更
　　換一次，<u>曹璽</u>竟任職二十二年。又因<u>曹璽</u>之子<u>曹寅</u>自小即為<u>康
　　熙</u>伴讀，成為<u>康熙</u>心腹，所以<u>曹</u>氏家族世襲<u>江寧</u>織造，共達五
　　十八年。<u>康熙</u>六下<u>江南</u>，五度入住織造府。直到<u>雍正</u>即位，以
　　<u>曹</u>家虧空公款為由，前後兩次抄家，終於令<u>曹</u>家敗落下來。」
　　根據本文，下列何者在文中<u>不曾</u>被提及？

(A) <u>曹</u>家得勢的緣由
(B) <u>曹寅</u>的身世與崛起
(C) 兩任皇帝對<u>曹</u>家的態度
(D) <u>曹雪芹</u>世襲官職的經歷

21. 「我常常看到，一個詩人在享盡一片田莊最有價值的部分後離去，而那農夫還以為他只不過吃了幾個野蘋果而已。＿＿＿＿＿＿，用那不可見而又最優美的籬笆把田莊圍了起來。」根據文意，畫線處填入下列何者最恰當？
    (A) 那詩人早已把田莊寫成了詩
    (B) 於是農人決心護衛他的所有
    (C) 禁果濃郁的香味瀰漫空氣中
    (D) 詩人黯然離開重新打造莊園

22. 朱熹云：「程子曰：『《大學》，孔氏之遺書，而初學入德之門也。』於今可見古人為學次第者，獨賴此篇之存，而《論》、《孟》次之。學者必由是而學焉，則庶乎其不差矣。」根據這段文字，下列何者最接近朱熹的看法？
    (A) 《大學》的成書年代早於《論》、《孟》
    (B) 《大學》的內容遠較《論》、《孟》來得深奧
    (C) 儒家《論》、《孟》的思想，是以《大學》為本衍生而出
    (D) 欲知古人為學修德的次第，首推《大學》，其次《論》、《孟》

23. 路遙寫歷史作業，把李白「申包哭秦庭，泣血將安仰」詩句中的「申」字誤抄為字形相近的「由」字。下列文句中的錯別字，何者也屬於「形近而誤」的情況？
    (A) 香遠易清，亭亭淨植
    (B) 萬里赴戎機，關山度若飛
    (C) 忽有龐然大物，拔山搗樹而來
    (D) 孔明乃披鶴氅，戴綸巾，焚香彈琴

24. 「士有諍友，則身不離於令名；父有諍子，則身不陷於不義。」句中「令」字的意義，與下列哪一個「令」字相同？

(A) 賞罰可用，則禁「令」可立，而治道具矣

(B) <u>孔明</u>傳「令」：諸軍各守城鋪，如有妄行出入，立斬

(C) 先生神情機警，詞藻逋逸，少有「令」望，爲當世所推

(D) 此人親驚吾馬，吾馬賴柔和，「令」他馬，固不敗傷我乎

25. 下列文句「　」中的詞語，何者<u>沒有</u>自謙的含意？

(A) 在此「拋磚」引玉，希望大家多多指教

(B) 多虧您「青眼」有加，我才能升任經理

(C) 承蒙諸位「錯愛」，讓在下得以擔此重任

(D) 千里送「鵝毛」，這份薄禮還請先生笑納

26.

> 　　從女性主義文論的觀點來看，武俠小說是「男性沙文主義」的心理滿足。因爲①<u>小說裡的男俠，幾乎是所有女性的追求對象</u>。此外，②<u>心狠手辣的邪魔也不時以尤物姿態出現</u>，遙相呼應傳統的「紅顏禍水」觀。因此，③<u>武俠小說是「男權」的文化「幫兇」</u>。也許有人會說，④<u>女俠或女魔頭走出了閨房和廚房</u>，是否可視爲「女權」的伸張？表面上如此，但實際上，女俠終究要成爲男俠的附庸，因此不能被視之爲對「男權」的挑戰。

這段論述中畫線的文字，何者屬於作者意圖陳述的論點，而非立論的證據？

(A) ①　　　　(B) ②　　　　(C) ③　　　　(D) ④

27. 「思量、能幾許？憂愁風雨，一半相妨。又何須，抵死說短論長。幸對清風皓月，苔茵展、雲幕高張。<u>江南好</u>，千鍾美酒，一曲滿庭芳。」作者在這段文字中展現出的生命態度，與下列何者最接近？

(A) 生於憂患，死於安樂　　　(B) 隱遁出世，成道求仙

(C) 豁達自適，及時行樂　　　(D) 縱論時局，憂以天下

28. 周亮來到「有間酒店」買酒，看到店門口貼有一副對聯。
依據對聯的原則，右圖中（乙）
聯的位置應是下列哪一句聯語？

(A) 清樽日月長

(B) 甕裡乾坤大

(C) 一醉千愁解

(D) 開罈香十里

29.

> 　　即使每年有一天叫「母親節」，百貨公司專櫃像神職
> 人員奉勸大家要大大的感恩，然而在現代社會，作母親仍
> 是艱辛且寂寞的。
>
> 　　榮譽、援助與尊重，少之又少。她們與孩童只有在選
> 舉期間才被油滑的政客想起，等把「神聖的一票」投出
> 去，又被忘了。
>
> 　　從坐在巍峨之位者眼中望去，這島上有婦女與孩童
> 嗎？大概……大概……沒有。

根據這段文字，下列敘述何者錯誤？

(A) 政府高官漠視婦女、孩童的權益

(B) 每個人都需要被提醒，才知道對母親感恩

(C) 現代社會中的母職角色，缺少制度上的奧援

(D) 政客在選舉期間大談婦幼政策，是為了騙取選票

30.「人之學文，其功力所能至者，陳理義必明當，布置取捨、繁
簡廉肉₁不失法，吐辭雅馴不蕪而已。古今至此者，蓋不數數₂
得。」這段話主要在說明下列何者？

(A) 好文章所需具備的條件
(B) 說理議論文的創作步驟
(C) 古今學文者的文章樣貌
(D) 文體形式的運用與取捨

> 📖
> 1. 廉肉：指文章之疏略與豐腴
> 2. 數數：音ㄕㄨㄛˋ ㄕㄨㄛˋ，常常

31. 「夫投膠¹以變濁，不如澄其源而濁變之愈也；揚湯以止沸，不如絕其薪而沸止之速也。是以勞心於服遠者，莫若修近而其遠自來；多方以救失者，莫若改行而其失自去。」根據這段文字，下列何者最符合作者的觀點？

(A) 投膠變濁，勝於澄源
(B) 揚湯止沸，不如絕薪
(C) 勞心服遠，近者自來
(D) 多方救失，其失自去

> 📖
> 1. 膠：阿膠。據云以阿膠攪濁水則水清

32. 歐陽脩：「蔡君謨既爲余書〈集古錄目序〉刻石，其字尤精勁，爲世所珍。今饋以鼠鬚栗尾筆、銅綠筆格、大小龍茶、惠山泉等物爲潤筆。」根據這段文字，下列敘述何者正確？

(A) 蔡君謨文筆已甚精勁，經歐陽脩稍加潤飾，即成世所稱道的佳文
(B) 蔡君謨爲〈集古錄目序〉書刻石，歐陽脩贈予許多物品以爲酬謝
(C) 爲作〈集古錄目序〉，歐陽脩耗費財物蒐求蔡君謨珍奇稀有的刻石
(D) 刻寫〈集古錄目序〉需使用鼠鬚栗尾筆、銅綠筆格，方成上乘之作

33.

> 揚州鹽商宴請新任鹽官，滿桌清淡菜色，盡是名貴習鑽的盛饌，甲魚僅用裙邊，鰣花魚只取鰓下兩塊蒜瓣肉，河魨配上素炒蘆蒿，素炒紫芽薑，素炒蒿苣尖……，鹽官食畢還淡然說：「咬得菜根，則百事可做。」

下列何者最適合用來形容這場宴會？

(A) 菜根蔬食之味，尤勝珍饈名饌

(B) 蔬食與清淡，暗藏著豪奢的事實

(C) 粗茶淡飯，隨遇而安，方見真性情

(D) 滿席炊金饌玉，填補不了精神的空虛

34.

> 　　趙以數困於秦兵，趙王思復得廉頗，廉頗亦思復用於趙。趙王使使者視廉頗尚可用否。廉頗之仇郭開多與使者金，令毀之。趙使者既見廉頗，廉頗為之一飯斗米，肉十斤，被甲上馬，以示尚可用。趙使還報王曰：「廉將軍雖老，尚善飯。然與臣坐，頃之三遺矢₁矣。」趙王以為老，遂不召。

根據這段文字，廉頗不復重用的原因，最可能是下列何者？

(A) 不知禮數，席間得罪使者

(B) 老態畢現，難以征戰沙場

(C) 趙王憫其年老，賜歸還鄉

(D) 郭開挾怨報復，陰謀陷害

> 1. 矢：通「屎」

35. 「呵凍提篙手未蘇₁，滿船涼月雪模糊。畫家不解漁家苦，好作寒江釣雪圖。」本詩的主旨與下列何者最接近？

(A) 對於漁民生活的疾苦，作者寄予關切同情

(B) 漁民雖然生活艱辛，卻大多能夠苦中作樂

(C) 畫家擅於從藝術角度來捕捉漁民的閒情逸趣

(D) 畫家透過寫實的筆法來呈現漁民生活的甘苦

> 1. 手未蘇：雙手尚未活絡

二、題組：(36～48題)

請閱讀以下小說，並回答 36～37 題：

　　素娥把母親的拉鍊扣好，詹氏轉身面對她說：

　　「你不高興嗎？」

　　「不，母親。」素娥深為難過地說：「你昨天才到醫院看醫生，今天就要走……」

　　詹氏接著說：「我去拿藥是給旅途做準備，我知道自己的身體，你說我不去可以嗎？阿彬娶了那樣的妻子，什麼也不懂，肚子那麼大了，生產的時候怎麼辦？」

　　素娥有點生氣地說：「他們自己不會想辦法？」

　　詹氏又說：「阿彬是一個脫線的人，我是去幫淑華，現代的女孩子那裡懂得那麼多。」

　　素娥憤憤地說：「淑華有她自己的母親。」

　　詹氏說：「我這個祖母會輸給她那個母親？」

　　素娥說：「當然輸，你還不知道？」

　　詹氏倔強地說：「不輸。」

　　素娥說：「到時候就知道了。」

　　詹氏說：「你要想想，你的兩個孩子誕生時，都是我幫的忙。」

　　素娥辯解道：「我知道，但不是為這個。」

　　素娥心中只是不忍她的老母年老還要去做那些像傭婦的事，但她不能當面對母親說你年老了，當年是當年，現在是現在。

　　兩個母女爭論到都眼濕了才罷手。自從素娥結婚以來，十幾年間，詹氏一直寄居在這個宿舍裡，大小事都為這一隻手殘

廢的女兒分擔做。年輕時在鄉村艱苦生活的歲月影像又浮現到詹氏的心頭來，她必須在夜間去排隊挑水，以致剛會爬行的素娥無知地向油燈前進，想到那些不堪回首的往事，她的淚水奪眶而出，像兩條白銀珠劃過那兩面蠟黃的臉頰。

—— 七等生〈老婦人〉

36. 根據這段文字，關於詹氏下列行為的動機，何者說明正確？

(A) 醫院拿藥 —— 以備淑華生產之需

(B) 幫助淑華 —— 因淑華不會照顧阿彬

(C) 長年寄居 —— 幫傭身分難以獨力維生

(D) 淚水難忍 —— 思及育女疏失導致的意外

37. 根據這段文字，素娥的心態最可能是下列何者？

(A) 想和阿彬爭寵

(B) 心疼母親一生操勞

(C) 擔心婆媳的爭執難解

(D) 企圖糾正母親的教子觀念

請閱讀以下短文，並回答 38～39 題：

　　全京都內約有兩千間的佛寺和神社，而京都內有十七處文化景觀被聯合國列入世界文化遺產，其中更高達十三處都是佛寺，要認識京都文化，無法略過佛寺不談。

　　京都大部分的佛寺都有濃濃的唐 宋風格，完全是木造建築，而且不同於中國近代許多寺廟，修復後習慣在木頭上上紅漆或黑漆，京都的寺廟幾乎保留著原木色調，搭配素淨的黑瓦，更能感到純樸的古風。

　　日本人對古蹟保存與修復相當用心，時常花數個月到數年的時間，封閉整座寺院，進行修復。甚至有的寺院，採預約參觀制，以維護古蹟和周邊的自然環境。例如以寺院布滿青苔，而得「苔寺」之名的西芳寺，參訪前便須以明信片預約。而且每天閉院後，會有成群工作人員，蹲伏於地爬梳、整理青苔！

　　除此之外，京都的古蹟能保存得好，還在於不只是單一建築的保存，而是整片區域的完整保護。例如京都著名風景區──嵐山一帶的嵯峨野地區，被政府列為「風致地區」，也就是保留區，凡是有建築物要新建、改建、增建，或要進行土地開墾，木竹採伐，甚至是變更建築物的色彩，都需要得到市長的許可。因此在保留區內的天龍寺、大覺寺等，便受到良好的保護。所以相對於曾發生文化大革命的中國、以及佛教後來式微的印度，日本的佛寺建築，可以說更為完整而原汁原味。

　　　　　　　　── 改寫自吳中傑〈經典佛寺的傳承藝術〉

38. 根據本文，下列關於京都的敘述，何者正確？
　　(A) 西芳寺開放整理青苔的工作，但須事先以明信片預約申請
　　(B) 京都佛寺大多保持原木色調，不同於中國 唐 宋佛寺的風格
　　(C) 京都約有兩千間佛寺，其中有十七處佛寺被列為世界文化遺產
　　(D) 嵐山一帶的嵯峨野地區不論新舊建設或土地開墾，都需經過核可

39. 根據本文，無法推知下列何者？
　　(A) 佛教式微不利於佛寺建築的保存
　　(B) 可透過佛寺來瞭解京都傳統文化
　　(C) 唐 宋佛寺多為紅漆黑瓦的木造建築
　　(D) 古蹟要維持風貌須整體環境的配合

請閱讀以下短文,並回答40~41題:(**請注意中間三段須重組**)

> 燒烤是古老的烹調,任憑時代流轉,始終盛行不衰,那種煙燻火炙的原始刺激,早已鑲嵌在我們的基因裡,現代人聞到烤肉香的衝動渴望,可能和遠古老祖宗沒什麼兩樣。
>
> 【甲】露天的明火燒烤,除了汙染空氣,讓我這種公寓小民深感苦惱,還大量消耗木炭,加速摧毀雨林,惡化溫室效應,至於那焦酥噴香的碳氫化合物更可怕,總之損人又不利己,非常之要命。
>
> 【乙】不過千百年來,我們的生存環境和型態,已經幾度滄海桑田,原始燒烤和現代社會因而扞格矛盾,滋生出許多難題。
>
> 【丙】可是又那麼迷人。燒烤不僅為吃,更因為那氣氛情境,把我們帶回遠古的野地篝火,部落聚會共享獵物,歡慶戰功祭典,盡情吃喝恣意作樂,酒足肉飽後,在燦麗的星空下圍坐營火邊,絮絮說故事和神話,綿綿引發奇幻的夢想。
>
> 在那原始的人間煙火裡,沒有狹稠的城市,沒有環保和癌症,沒有破裂的臭氧層,唉,何等美好。
>
> ——蔡珠兒《紅燜廚娘·火宅之人》

40. 根據文意,下列段落排序何者最恰當?
    (A) 乙 → 甲 → 丙　　　　(B) 乙 → 丙 → 甲
    (C) 丙 → 甲 → 乙　　　　(D) 丙 → 乙 → 甲

41. 根據本文,下列敘述何者正確?
    (A) 燒烤的迷人之處,不僅僅在於美味

(B) 遠古的燒烤方式較不易導致破壞臭氧層
(C) 從古至今，燒烤都是人類最喜愛的烹調方式
(D) 幾經滄海桑田，人們聞到烤肉香的衝動已有改變

請閱讀以下文章，並回答 42～44 題：

　　小河呢？那念念不忘的小河。
　　來到河埔的時候，已午時分。沒來由地，四邊陰暗了下來，我抬頭，一大塊烏雲正慢慢圍過來。剛剛還是豔陽天，一下子就山雨欲來模樣。
　　而令我真正驚悸的，還是小河。乾癟、瘦削，而且看來痛苦。一條瘦骨嶙峋的河床！前方是可以指認出來的洗衣石，上面爬滿了扭曲而烏鬱的苔蘚；左側的崖壁上站著野花刺草，其下的河埔，就是小時蓋過房子、辦家家酒的蘆葦叢了，風吹得厲害，搖晃著煩亂的髮絲，嘯嘯叫響；再過來的石頭上，曾經是仰望藍天的假寐處，堆積著破銅爛鐵，紙張垃圾，沒有河水，自然沒有魚蝦……<u>這樣一條小河！那曾經念念不忘的小河？</u>
　　　　　　　　　　　　　　　　　　　　　　　①
　　<u>心情的懸宕是落實了，但比猜測更加難耐，再回顧一次</u>
　　　　　　　　　　　　　　　　　②
<u>嗎？童時嬉遊的小河，一股淙淙的水聲，偷偷地溜入大海裡去</u>
　　　　　　　　　　　　　　　　　③
<u>了嗎？</u>像是昔日，在現實歲月中流失。
　　我站著，努力使自己接受這一切。向過去的最後一個象徵尋求慰安，是不可能的了，感傷的夢幻，到頭來就是如此簡單而實在的乾涸，曾經美麗過，但如今醜陋著。河床是一樣的河床，因為昔日的回憶，因為曾有淙淙的水聲，多年來我懷念她；因為此時的現狀，因為枯乾的沙石，我感到失望，而且不敢置

信，小村的改變是漸進的，雖稍感陌生，猶不離譜，然而小河是如此猝不及防地痛擊著美麗的夢幻，那就使人對自己的濫情啼笑皆非了。

一朵烏雲捲了過來，雨一匹匹地落下。

我站著，在這聽不到水聲的河床上，細密的雨，打著久旱的河床，打著河灘，打著搖擺的蘆葦；細密的雨，唱著哀歌。水聲沒了，但雨歌繼起；<u>河床如今是枯了，另一道水流會走入</u>

④

<u>嗎？</u>你細密的雨呵落吧！讓小河溼潤，林葉復甦，那時群山又會生動地站著，小村也會站著，生動地轉換容顏，然後又要有另一個故事演出，另一陣細雨……。

我站著，彷彿又聽到一泓淙淙的水聲漸漸流過來，細雨緩緩落在乾涸的河床上。

——向陽〈小河〉

42. 作者在本文中運用許多問句表達心中的種種情思。畫線處問句的說明，何者正確？
   (A) ① —— 強調心中的驚愕與失落
   (B) ② —— 呈顯出不捨離去的依戀
   (C) ③ —— 暗指自己成長後四海飄泊
   (D) ④ —— 擔憂小河被其他河流取代

43. 關於本文的寫作手法，下列敘述何者正確？
   (A) 以豔陽轉為陰雨的天候變化，暗示人生際遇無常
   (B) 先敘眼前景觀，再以議論手法探索環境變異之因
   (C) 細筆描摹童年小河的盛景，與今日的枯竭做對比
   (D) 運用感性的獨白筆法，將所見所思所感娓娓道來

44. 本文末段透露的言外之意，最可能是下列何者？
    (A) 期許這條小河能有復甦和發展的契機
    (B) 痛惜在現實歲月中流失的童年不復回返
    (C) 呼籲村人同心協力，重新打造美麗的家園
    (D) 提醒政府當局重視偏鄉的改革計畫並予以支持

請閱讀以下短文，並回答 45～46 題：

> 　　高宗嘗宴大臣，見張循王持扇，有玉孩兒扇墜，上識是舊物，昔往四明，誤墜於水，屢尋不獲，乃詢於張循王，對曰：「臣從清河坊鋪家買得。」召問鋪家，云：「得於提籃人。」復遣問，回奏云：「於候潮門外陳宅廚娘處買得。」又遣問廚娘，云：「破黃花魚腹中得之。」奏聞，上大悅，以為失物復還之兆。鋪家及提籃人補校尉，廚娘封孺人，張循王賞賜甚厚。
> 　　　　　　　　　　── 改寫自田汝成《西湖遊覽志餘》

45. 根據本文的內容，下列敘述何者正確？
    (A) 張循王尋回皇上舊物，特意奉還
    (B) 高宗遣鋪家尋找失物，屢尋不獲
    (C) 廚娘之語，可佐證扇墜曾落水中
    (D) 廚娘得到扇墜，售予清河坊鋪家

46. 關於本文的寫作方式，下列敘述何者正確？
    (A) 藉對話凸顯故事中所有人物的個性
    (B) 以諷喻手法，勸告世人當拾金不昧
    (C) 以抽絲剝繭的方式，層層鋪敘情節
    (D) 文末未提故事結局，製造懸疑效果

請閱讀以下短文，並回答 47～48 題：

> 王次仲者，以爲世之篆文，工多而用寡，難以速就。四海多事，筆札₁爲先，乃變篆籀₂之體爲隸書。秦始皇以次仲所易文簡，其功利於人而召之，三徵入秦，不至。次仲履眞懷道₃，窮數術₄之美。始皇怒其不恭，令檻車送之。次仲化爲大鳥，翻飛出車外，落二翮於峰巒，故有大翮、小翮之名矣。
>
> —— 改寫自《仙傳拾遺》、《水經注》

47. 下列文句（ ）中所應填入的主語，何者正確？

    (A) （ ）工多而用寡 —— 秦始皇
    (B) （ ）乃變篆籀之體爲隸書 —— 筆札
    (C) （ ）三徵入秦 —— 王次仲
    (D) （ ）落二翮於峰巒 —— 大鳥

📖
1. 筆札：公文書信
2. 篆籀：周、秦間通行之字體。
   籀，音ㄓㄡˋ
3. 履眞懷道：修習道家之學
4. 數術：關於天文、曆法、占卜等學問

48. 根據本文內容，下列敘述何者正確？

    (A) 次仲因擅自改革文字觸怒始皇，而遭逮捕
    (B) 始皇過於急功好利，故次仲出走轉而修道
    (C) 次仲將篆籀之體改爲隸書，方便世人使用
    (D) 仙鳥中始皇之箭，落羽成大翮、小翮二山

寫作測驗

題目：**從陌生到熟悉**

說明：也許是來到一個全新的環境，從分不清東南西北，最後對所有的巷弄瞭若指掌；也許是加入一個團體，從剛開始找不到對象說話，到漸漸認識志同道合的朋友，暢談彼此的夢想；也許是接觸新事物或者學習新技能，從獨自摸索、反覆嘗試，到終於駕輕就熟，而有深切體會……。從陌生到熟悉，其中有著苦甜的滋味，也帶給我們許多思考。**請以「從陌生到熟悉」為題，寫下你的經驗、感受或想法。**

※不可在文中洩漏私人身分

※不可使用詩歌體

105年國中教育會考國文科試題詳解

一、單題（第 1-35 題）

1. **D**

   【解析】 句中「堆積如山的書本」和「悔恨」等呼應「鉛塊」這個字詞，可得知作者的心情像鉛塊般沉重，故答案為 (D)。

2. **B**

   【解析】 「但」為語句中轉折處，當題幹在肯定荷馬史詩地位的同時，也寫出「不能永遠以它為範本」，表示不能永遠以此為模範而一味模仿，還要求新求進，故答案為 (B)。

3. **C**

   【解析】 從「總共擁有幾萬幾千幾百零幾隻／統統養在天空裡／從來不必擔心／誰會遠走高飛」可知作者不同於喜歡籠中畫眉的人，喜好在天空飛翔的眾鳥，所以不願以鳥籠圈限鳥的自由，故答案為 (C)。

4. **A**

   【解析】 在第一句中，「我們不是讓自己活得悲慘，就是讓自己活得堅強」表示要過悲慘或堅強的生活皆操之在己，而在第二句中又提出命運與「選擇」有關，既是選擇，也表示人生可以自己掌握，故答案應選 (A)。

5. **D**

　【解析】 (A) ㄇㄧㄢˇ／ㄨㄢˇ

　　　　　 (B) ㄋㄠˊ／ㄋㄨˇ

　　　　　 (C) ㄧㄢˋ／ㄧㄥ

　　　　　 (D) ㄔㄡˊ

6. **B**

　【解析】 「不分軒輊」比喻分不出高下，實力相當。

　　　　　 「望其項背」比喻程度與之接近。

　　　　　 「望塵莫及」比喻程度、成就遠遠落後。

　　　　　 依據前後文來看，我的作文能力與<u>明華</u>「差不

　　　　　 多」，空格處應填「不分軒輊」；<u>思恩</u>的表現比我

　　　　　 更好，因此只能勉強追上，空格處應填「望其項

　　　　　 背」；<u>蔚然</u>是作文常勝軍，我和她比就差得更遠

　　　　　 了，故空格處應填「望塵莫及」。

7. **B**

　【解析】 (A) (C) (D) 句意皆為<u>哆啦 A 夢</u>要帶<u>大雄</u>去暢遊未

　　　　　 來世界。

　　　　　 (B) 從<u>哆啦 A 夢</u>的話語中的「他」，可看出另外有

　　　　　　　 人要帶<u>大雄</u>去暢遊未來世界，而非<u>哆啦 A 夢</u>

　　　　　　　 本人，故答案選 (B)。

8. **B**

　【解析】 從「此等<u>周</u>代鼎彝曾經有過幾百個物主」、「沒有

　　　　　 一個人在這個世界裡能永久享有一樣東西」、「再

經過一百年，誰將是他們的物主」可知題幹想表
達沒有一個人能永遠擁有一物的道理，故答案
選 (B)。

(A) 意指「上天創造了萬物，人類治理萬物」

(C) 意指「君子懂得使用萬物，而不受外物支配」

(D) 意指「萬物各有其特性，要能在它適當之處
施展其作用」。

9. **C**

【解析】 (A) 形聲　(B) 指事　(C) 會意　(D) 象形

10. **D**

【解析】 題幹出自宋 朱熹，意思是「君子的本質美好卻
深藏而不輕易顯露，如同擁有一塊美玉一樣小心
珍藏而不將它拿來交易；小人的本質像石頭一般
粗劣，卻總自以為是價值連城的美玉，並且到處
炫耀自己」。故答案為 (D)。

11. **C**

【解析】 (A) 應改為：任憑「誰都不能」決定我的未來

(B) 應改為：從小「立定」志向要當一名檢察官。
「釐清」指「整理劃清」，在此句中使用不合
語意

(D) 應改為：答覆民意代表的「諮詢」。「諮商」
指商議或心理輔導歷程，此應是指回答問題，
並非討論問題。

12. **A**

【解析】 (A) 由「春天多細雨無聲」可知春雨又細又輕；由「夏天的雨多如放聲嚎啕……收得也快」可知夏雨既急且驟。

(B) 「滂沱」指的是夏雨，而非冬雨。

(C) 夏雨多如放聲嚎啕，並非淒切，文中也未提及「令人不由得加快行走的步伐」。

(D) 文中描寫冬雨像瑣碎的嘮叨，並非在雨中會聽到人們的嘮叨。

13. **A**

【解析】 當「氣候變遷」變成在世界各處需要討論的議題時，表示許多地方都發生這個問題並受到威脅，故答案為 (A)。

14. **D**

【解析】 (A) 「全盤托出」用來比喻將事情真相毫無隱瞞的說出，與盡力意思不相符，應改為「全力以赴」

(B) 「貽笑大方」指被識見廣博的人所取笑，並非自謙之詞。應改為「請各位不吝賜教」

(C) 「移樽就教」用指端著酒杯移坐到他人席上共飲，以便請教。比喻親自向人求教，不同與遷居之意。整句應改為「帶著孟子另尋居處」

(D) 「破格錄用」指不依照成規例外錄用，符合題意，故選 (D)。

15. **B**

【解析】 從「人之一生，希望留名，實屬常情，但應以其
道得之」得知，想留名是人之常情，但必須以正
當的方式得到，故選 (B) 最恰當。

16. **C**

【解析】 (A) 刪除「難」或「不得」。
(B) 刪除「掩」。
(D) 刪除「扮」。
故選 (C)。

17. **A**

【解析】 (A) 「眾望所歸」是指得到選民的支持或愛戴，
故答案選 (A)。
(B) 「弄璋之喜」是恭賀生子之詞。
(C) 「喬遷之喜」是恭賀搬家之詞，于歸則是恭
賀嫁女之詞。
(D) 「杏壇」：孔子授徒講學的地方。「廣栽桃
李，享譽杏壇」是對教師的讚譽之詞。

18. **D**

【解析】 (A) 在「朦朧」的情境中，無法「清晰」看見老
農夫的皺紋。
(B) 「昔日的騰達是今日的潦倒所致」一句文意
今昔邏輯矛盾，語意不清。
(C) 「通宵長談」之後應該接近清晨，而「暮」
為傍晚，所以語意矛盾。

19. **D**

【解析】 (A) 北風——惡勢力或小人。

(B) 柏樹——忠臣或君子的節操。

(C) 冰霜——惡劣的情勢。

【出處】 明代　于謙〈北風吹〉。

【語譯】 北風吹著我庭前的柏樹枝。耿直自重的人能夠堅守節操，就像堅固的樹幹般不怕風吹。即便經冰霜的摧殘，志節也不會有所改變，何況是恢復成陽光和煦，景致宜人的時候呢！路邊花草仍舊那麼的茂盛，風又能對伯樹造成什麼傷害呢？北風吹，又能吹多久呢？

20. **D**

【解析】 (A) 從「曹雪芹的曾祖母孫氏擔任康熙保母，孫氏之夫曹璽於康熙二年被委任為江寧織造」、「曹璽之子曹寅自小即為康熙伴讀，成為康熙心腹，所以曹氏家族世襲江寧織造，共達五十八年」可得知。

(B) 從「曹璽之子曹寅自小即為康熙伴讀，成為康熙心腹，所以曹氏家族世襲江寧織造，共達五十八年」可得知。

(C) 「曹氏家族世襲江寧織造，共達五十八年。康熙六下江南，五度入住織造府。直到雍正即位，以曹家虧空公款為由，前後兩次抄家，終於令曹家敗落下來。」可知雍正對待曹家的態度與康熙大相逕庭。

(D) 全文並未提及。

21. **A**

【解析】 農夫以爲最有價值的是「可見」的野蘋果，但詩人帶走是「不可見而又最優美的籬笆」可知爲抽象事物——無形的美，故答案應選 (A)。

22. **D**

【語譯】 朱熹說：「程頤先生說：『《大學》是孔子留傳下來的作品，是初學者學習進修德行的最初門徑。』至今還能夠看出古人作學問先後次序的，全都仰賴這部著作的內容。至於《論語》和《孟子》的研讀，就應該放在後面了。想學習的人必須先從這裡學起，那麼應該是不會有錯了。」

23. **B**

【解析】 (A) 音近而字誤，「易」改爲「益」

　　　　 (B) 形近而字誤，「戒」改爲「戎」，故選 (B)

　　　　 (C) 音近而字誤，「搗」改爲「倒」

　　　　 (D) 音近而字誤，「官」改爲「綸」。

24. **C**

【解析】 (A) (B) 命令

　　　　 (C) 美好的

　　　　 (D) 假使。

【出處】 《孝經 諫諍章第十五》。

【語譯】 讀書人有直言相勸的朋友，那麼他就不會遠離美

好的聲譽；父親有婉言相勸的兒子，那他就不會身陷於不合道義的情況中

25. **B**

【解析】 (A)「拋磚」比喻自己先發表的粗陋詩文或不成熟的意見，以引出別人的佳作或高論。後以此為自謙之詞

(B)「青眼」表示他人的喜愛或看重，並非謙詞，故答案為 (B)。

(C)「錯愛」受到他人愛顧、拔識的謙詞。

(D)「鵝毛」比喻輕微的禮物，為謙詞。

26. **C**

【解析】 (A) (B) (D) 為作者從武俠小說中所歸納或引述他人的論據。

(C) 則為作者意圖表達的論點。

27. **C**

【解析】 從「幸對清風皓月，苔茵展、雲幕高張。江南好，千鍾美酒，一曲滿庭芳」可知答案為 (C)。

【出處】 蘇軾〈滿庭芳〉

【語譯】 細想人生，還能有多少歡樂呢？人生中的憂愁風雨就占了大半。又何須爭長論短呢？對著清風明月，綠草青苔蔓生、雲幕高掛天際是多麼幸福的事。江南如此美好，就讓我斟滿千鍾美酒，高唱一曲〈滿庭芳〉。

28. **A**

【解析】 乙爲下聯，而對聯有「仄起平收」的規定，所以最後一字應爲平聲，故答案爲 (A)。

29. **B**

【解析】 (A) 從「從坐在巍峨之位者眼中望去，這島上有婦女與孩童嗎？大概……大概……沒有」、「她們與孩童只有在選舉期間才被油滑的政客想起，等把『神聖的一票』投出去，又被忘了」可知政府高官漠視婦女孩童的權益。

(B) 並非「每個人」都需要被提醒，才懂得對母親感恩。故答案選 (B)。

(C) 從「榮譽、援助與尊重，少之又少。她們與孩童只有在選舉期間才被油滑的政客想起，等把『神聖的一票』投出去，又被忘了」可得知。

(D) 從「她們與孩童只有在選舉期間才被油滑的政客想起，等把『神聖的一票』投出去，又被忘了」可得知。

30. **A**

【解析】 「陳理義必明當」、「布置取捨，繁簡廉肉不失法」、「吐辭雅馴不蕪」等皆爲好文章所具備的條件。故答案選 (A)。

【語譯】 人們學習寫文章，功力所要達到的，是要能將道理說明白，布局結構繁簡不失法度，語言典雅修

潔、不蕪雜罷了。自古至今卻不是常常都能做到
這幾點。

31. **B**

【解析】(A) 投膠變濁，不如澄源。

　　　(B) 從「揚湯以止沸，不如絕其薪而沸止之速也」
　　　　可得知答案為 (B)。

　　　(C) 勞心服遠，莫如修近。

　　　(D) 多方救失，莫若改行。

【出處】唐

【語譯】想以投膠於濁水中的方式來讓水變清澈，還不如
　　　從水的源頭來澄清會更好；想要阻止湯鍋繼續沸
　　　騰，將鍋中的沸水舀起以止住沸騰，還不如直接
　　　抽掉鍋底的柴火來得更快。因此，用盡心思去使
　　　遠方的人降服，還不如修養自身，使遠方的人心
　　　悅誠服的來歸附；與其用各種方法來補救缺漏，
　　　不如先改變當下的行為，那缺失自然就會消失的。

32. **B**

【解析】(B) 文中「潤筆」指請人家寫文章、作畫、寫字
　　　的酬勞。從「蔡君謨既為余書〈集古錄目序〉
　　　刻石」、「今饋以鼠鬚栗尾筆……等物為潤筆」
　　　可得知答案為 (B)

　　　(A) 蔡君謨僅為歐陽脩〈集古錄目序〉刻石，並
　　　　未寫作。

(C) 蔡君謨為歐陽脩刻石後，歐陽脩才送禮表示感謝。

(D) 鼠鬚栗尾筆、銅綠筆格是歐陽脩送給蔡君謨的禮物。

33. **B**

【解析】 從「滿桌清淡菜色，盡是名貴刁鑽的盛饌」可得知菜色雖然清淡，食材卻是十分珍貴，故答案為 (B)。

34. **D**

【解析】 從「廉頗之仇郭開多與使者金，令毀之」和使者回答「然與臣坐，頃之三遺矢矣」，可知郭開私下賄賂使者，報復廉頗，故選 (D)。

【出處】 司馬遷《史記・廉頗藺相如列傳第二十》

【語譯】 由於趙國屢次被秦軍圍困，趙王想再次任用廉頗為將，廉頗也想再次為趙國效力。於是趙王派使臣去拜訪廉頗，看看他還能不能承擔重任。廉頗的仇人郭開以重金賄賂使者，讓他回來後說廉頗的壞話。趙國使臣見到廉頗，廉頗當他的面一頓飯吃了一斗米、十斤肉，又披上鐵甲上馬，表示自己仍然十分健壯可用。趙國使者回去向趙王報告：「廉將軍年紀雖大，食量還很不錯，不過，我們一起坐著沒多久時間，他就上了好幾次廁所。」趙王於是認為廉頗已經老邁，就不再把他召回了。

35. **A**

【解析】 「呵凍提篙手未蘇，滿船涼月雪模糊」寫出漁民
捕魚時的辛苦，而由「畫家不解漁家苦，好作寒
江釣雪圖。」可知畫家的畫作卻無將其顯現出來，
故答案應為 (A)。

【出處】 明　孫承宗〈漁家〉

【語譯】 漁夫撐船篙的手都凍僵了，呵氣取暖後還是沒辦
法恢復靈巧，冰冷的月光照在船上，處處都是一
片模糊的雪影。畫家們一點也不了解漁夫的辛苦，
偏喜歡描繪漁夫在飄雪的寒江上垂釣的景像。

二、題組（第 36-48 題）

36. **D**

【解析】 (A) 醫院拿藥──詹氏為自己在旅途所需而準備。

(B) 幫助淑華──因為淑華懷孕了，但對於生產
相關事宜還不太懂。

(C) 長年寄居──母親詹氏為了分擔身有殘疾的
女兒素娥的家務而同住。

(D) 淚水難忍──由「她必須在夜間去排隊挑水，
以致剛會爬行的素娥無知地向油燈前進」可
知素娥的殘疾是詹氏育女造成的疏失導致意
外，故選 (D)。

37. **B**

【解析】 由「素娥心中只是不忍她的老母年老還要去做

那些像傭婦的事」，可推知<u>素娥</u>是心疼母親，故
選 (B)。

38. **D**

【解析】 (A) <u>西芳寺</u>整理青苔的工作是由工作人員負責。

(B) 文中有提及「<u>京都</u>大部分的佛寺都有濃濃的
<u>唐宋</u>風格」。

(C) 「<u>京都</u>內有十七處文化景觀被<u>聯合國</u>列入世
界文化遺產，其中更高達十三處都是佛寺」
由此文可知佛寺為十三處，非十七處。

(D) 由「<u>嵐山</u>一帶<u>嵯峨野</u>地區，被政府列為『風
致地區』……都需要得到市長的許可」可
知，不論新舊建設、土地開墾都需要核可，
故選 (D)。

39 **C**

【解析】 (A) 從「所以相對於曾發生文化大革命的<u>中國</u>……
可以說是更為完整而原汁原味」可推知佛教
式微不利於佛寺建築的保存

(B) 由「要認識<u>京都</u>文化，無法略過佛寺不談」
推知可透過佛寺來瞭解<u>京都</u>傳統文化

(C) 文中並未提及<u>唐</u>佛寺保存的狀況較為不利

(D) 從「<u>京都</u>的古蹟能保存得好……而是整片區
域的完整保護」可知古蹟要維持風貌須整體
環境的配合。

40. **A**

【解析】首段說明燒烤從古盛行至今，末段則懷念燒烤美好的一面，可推知文章中間必經轉折。先從【乙】簡單點出原始燒烤與現今社會已滋生難題，次到【甲】進一步敘述燒烤的問題及危害，再到【丙】擺脫燒烤的實際層面，並抒發燒烤的氣氛情境可引人發想奇幻夢想，故可知答案為 (A)。

41. **A**

【解析】(A) 由【丙】「燒烤不僅為吃，更因為那氣氛情境」可知答案為 (A)。

　　　　(B) 文中未提及。末段「沒有環保和癌症，沒有破裂的臭氧層」是指古今環境不同，而非原始燒烤方式較不易破壞臭氧層。

　　　　(C) 由【甲】敘述可知燒烤造成的危害及麻煩，所以燒烤對現代人並非是最喜愛的烹調方式。

　　　　(D) 由「那種煙燻火炙的原始刺激……可能和遠古老祖宗沒什麼兩樣」可知人們聞到烤肉香的刺激及想法跟祖先是相同的。

42. **A**

【解析】(A) 由「而令我真正驚悸的，還是小河……沒有河水，自然沒有魚蝦」一段可知此問句顯露出作者心中的驚愕與失落，故選 (A)。

　　　　(B) 呈現作者不忍回想的哀傷。

    (C) 一個問句顯露出環境的改變，小河面貌不似童年。

    (D) 期盼細密的雨能讓小河的復甦。

43. **D**

【解析】(A) 文中並未提及無常人生際遇。

    (B) 文中並未「以議論手法探索環境變異之因」。

    (C) 文中以作者的童年印象作為線索，並未細細摹寫小河盛景。

    (D) 由「你細密的雨呵落吧！……另一陣細雨」可知作者用獨白筆法，抒寫內在情思，故答案為 (D)。

44. **A**

【解析】由「你細密的雨呵落吧！讓小河溼潤，林葉復甦……生動地轉換容顏」可知作者期待小河能有復甦和發展的契機，故答案為 (A)。

45. **C**

【解析】(A) 是高宗在宴會時意外發現。

    (B) 並未派遣鋪家尋找。

    (C) 由廚娘之語「破黃花魚腹中得之」，可推知扇墜曾落入水中，故答案為 (C)。

    (D) 為提籃人賣魚售予清河坊鋪家。

【語譯】南宋 高宗曾經宴請大臣時，看見張循王拿著一

把繫著玉孩兒的扇墜的扇子，高宗認出那扇墜是自己的舊有之物，昔日前往四明時，扇墜不小心掉到水裡，屢次尋找卻都找不到。於是高宗詢問張循王，循王答：「臣是從清河坊店家買來的。」召來店家的人詢問，店家的人回答：「是從提籃賣魚人那裡得到的。」又派人去詢問，那人回來報告說：「提籃賣魚人是在候潮門外陳宅的廚娘那裡買的。」再派人去問廚娘，廚娘說：「我是在剖開黃花魚的肚子時得到的。」臣子就把這過程報告高宗，高宗非常高興，認為這是（故土）失而復得的好兆頭。店家的人和提籃賣魚人都授給校尉的官職，廚娘被封為孺人（官夫人），而張循王則獲得豐厚的賞賜。

46. **C**

【解析】 (A) 藉對話推動情節發展，並未凸顯所有人物的性格。

(B) 文中未運用諷喻手法，也沒有奉勸世人要拾金不昧之意。

(C) 宋高宗詢問張循王→清河坊鋪家→提籃賣魚人→陳宅廚娘，經由這些抽絲剝繭的過程，可知張循王所言不虛，故選 (C)。

(D) 最後真相水落石出，並未具懸疑效果。

47. **D**

【解析】 (A) 主語應為篆文

(B) 為王次仲

(C) 為秦始皇

(D) 為大鳥

【語譯】 王次仲這個人,認為當時通行的篆文寫起來很費時費工卻用途不多,人們難在短時間之內熟習使用。而今天下紛雜多事、公務繁重,簡化公文信件的書寫應為第一優先的要事。王次仲就把篆體、籀文簡化成隸書。秦始皇認為王次仲的改革讓文字書寫變得簡單,讓天下人方便書寫而有功勞,徵召他到秦國來作官,他卻拒絕前往。王次仲修習道家之學,探究鑽研天文、曆法、占卜等學問。秦始皇認為他態度不恭,十分憤怒,派人用囚車押他入宮。他竟變成一隻大鳥,翻身飛到車外,兩根羽毛飄落在峰巒上,這便是大翮山、小翮山名稱的由來。

48. **C**

【解析】 (A) 秦始皇屢次徵召王次仲入朝為官,卻遭拒絕,因而觸怒始皇。

(B) 王次仲修習道家之學與秦始皇是否急功好利並無關係。

(C) 由「王次仲者……乃變篆籀之體為隸書」可知是王次仲將篆籀改為隸書,故答案為 (C)。

(D) 文中未提及始皇射仙鳥一事。

【寫作測驗】

題目： 從陌生到熟悉

說明： 也許是來到一個全新的環境，從分不清東南西北，最後對所有的巷弄瞭若指掌；也許是加入一個團體，從剛開始找不到對象說話，到漸漸認識志同道合的朋友，暢談彼此的夢想；也許是接觸新事物或者學習新技能，從獨自摸索、反覆嘗試，到終於駕輕就熟，而有深切體會……。從陌生到熟悉，其中有著苦甜的滋味，也帶給我們許多思考。請以「從陌生到熟悉」為題，寫下你的經驗、感受或想法。

【示範佳文】

從陌生到熟悉

示範老師：羿萱老師

　　夏聲蟬蟬，南風習習，木棉花道迸裂的鮮紅正散落在來往的路上，形成直達天際的紅毯迎著每雙學子的眼睛，每逢這季節校園便連綿唱起「芳草碧連天，固執的季節……」，下課鐘響的喇叭傳送主任低沉沙啞的嗓音；黑板上還印著你大大的粉筆手印；布告欄上貼滿我們歷經的歡笑與淚水；運動會上奮力奔跑，為班爭光的旗幟還隨風飄揚；園遊會上的彈珠汽水冒著氣泡，如你清亮的聲響，吆喝著我們的青春……無處不是你我這三年來最美的記憶，再熟悉不過的這一切，再三個月就要輕唱別離了。

　　剛滿十二歲的那個清晨，懷著不安的心，望著高立的班牌，猶記得「新生手冊」淡黃色封面像新開的花，散著對未來期待又害怕的氣味，「我交得到好朋友嗎？」、「我的老師

是男生？還是女生？是教什麼科目呢？」、「課業好像很難啊……」陌生的一切重重的將我籠罩，心中忐忑而無所適從，低頭扭絞著雙手，「我該怎麼辦？」就在此時，你輕鬆、爽朗的招呼聲劃開了厚重凝滯的擔憂並為我小小的堡壘照進了暖陽。

　　我膽小、安靜、內向，總是怯生生；而你開朗、陽光、外向，總是笑嘻嘻，我不敢開口向人說話，說話如螞蟻細語，站在台上更是全身發抖，連一句話都說不清講不明，同學們無奈與不耐的表情印烙在我心，下台時真覺得自己不討喜，恨不得把自己關起來；你卻總拉著我的手為我加油，你的笑容是我最熟悉的鼓勵。在你的「再試一次」之下，我開始每天大聲念課文練習大聲說話、嘗試說話眼睛直視對方，並且第一次舉起右手自願擔任小老師。漸漸的，同學們也開始認識我，熟悉我，願意與我分享學校大小事，我的生活變得多采豐富。原先看 A 同學似乎冷若冰霜，相處起來卻是平易近人；原先看似 B 同學以大欺小，談話後才發現他正義感十足；原先懦弱、膽小、害怕的自己也正褪去一層又一層的皮，而成為重獲新生的人朝著逆光盡情飛翔。

　　驪歌輕聲唱出我們的祝福與期許，一聲聲笑語散落在不褪的青春年歲中，我望著你們的背影走向來日的長路，想著一路上的從陌生到熟悉，我看見了不一般的自己，開始懂得如何開闊人生，嚐到了勇於嘗試後迎來意料之外的甜美果實。這一路，你們是我生命中最美的花火，為我點燃璀璨繽紛的年少天空，此時，面對下一段陌生的長程，讓我們一起再次揚帆，啟程。

105 年度國中教育會考
國文科公佈答案

題　號	答　案	題　號	答　案	題　號	答　案
1	D	17	A	33	B
2	B	18	D	34	D
3	C	19	D	35	A
4	A	20	D	36	D
5	D	21	A	37	B
6	B	22	D	38	D
7	B	23	B	39	C
8	B	24	C	40	A
9	C	25	B	41	A
10	D	26	C	42	A
11	C	27	C	43	D
12	A	28	A	44	A
13	A	29	B	45	C
14	D	30	A	46	C
15	B	31	B	47	D
16	C	32	B	48	C

105 年國中教育會考各科試題詳解

主　　　編 / 劉　毅

發　行　所 / 學習出版有限公司　　　☎ (02) 2704-5525

郵 撥 帳 號 / 05127272 學習出版社帳戶

登　記　證 / 局版台業 2179 號

印　刷　所 / 裕強彩色印刷有限公司

台 北 門 市 / 台北市許昌街 10 號 2 F　　☎ (02) 2331-4060

台灣總經銷 / 紅螞蟻圖書有限公司　　☎ (02) 2795-3656

本公司網址　www.learnbook.com.tw

電 子 郵 件　learnbook@learnbook.com.tw

售價：新台幣二百二十元正

2016 年 6 月 1 日初版